REINHOLD DIETRICH

ENTSPANNUNG DURCH MEDITATIVES LAUFEN

EIGENVERLAG

Impressum

Herausgeber und Verleger - Reinhold Dietrich
Satz - Reinhold Dietrich
Zeichnungen - Reinhold Dietrich
Umschlagentwurf - Monika Naskau
Grafische Beratung - Monika Naskau
Lektorin - Hannah Rieger
Inhaltliches Lektorat - Waldefried Pechtl
Titelfoto - Zefa, Wien
Druck - Druckerei Herzog, Neumarkt am Wallersee, Austria

ISBN 3 - 9500 - 0945 - 0

BESTELLUNGEN SIND ERBETEN AN DEN
Eigenverlag Dietrich, Paracelsusstr. 4, A - 5020 Salzburg

Weitere Buchtitel des Autors, siehe im Anhang.

DAS GELÜBDE

Sheik Nasir el-Dhin Shah (gestorben 1846), der diese Geschichte erzählt hat, lebte in Delhi, Indien.

Der List, um die es hier geht, erliegen viele unbewußt; diese List ist verbunden mit Selbsttäuschung, Illusion und Selbstbetrug. Jene aber, die diese List bewußt anwenden, sind schlimmer dran. Sie sind tiefgreifend behindert, das Wertvollste jemals wirklich zu begreifen.

Es war einmal ein Mann, der große Sorgen hatte. Er gelobte daher, sein Haus zu verkaufen und den gesamten Erlös den Armen zu geben, wenn seine Probleme sich lösen sollten.

Es kam die Zeit, da er sein Gelübde erfüllen mußte. Er aber wollte so viel Geld nicht wegschenken und suchte daher einen Ausweg. Er bot das Haus für ein Silberstück zum Kauf an. Zum Haus gehörte jedoch auch eine Katze. Für diese forderte er den Preis von zehntausend Silberstücken.

Jemand kaufte das Haus und die Katze dazu.

Der Verkäufer gab das eine Silberstück den Armen, die zehntausend Silberstücke sackte er für sich selber ein (Sufi-Geschichte).

INHALTSVERZEICHNIS

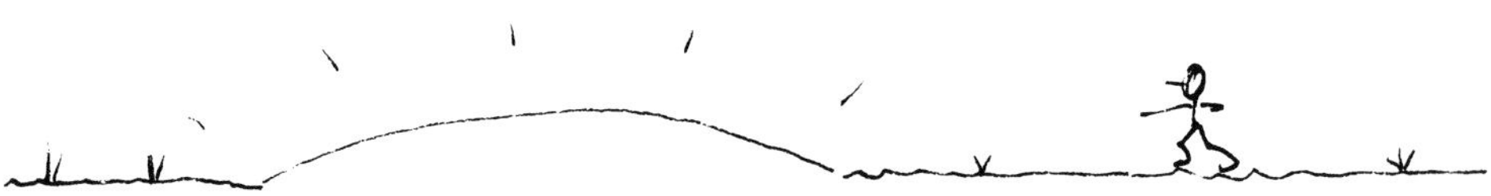

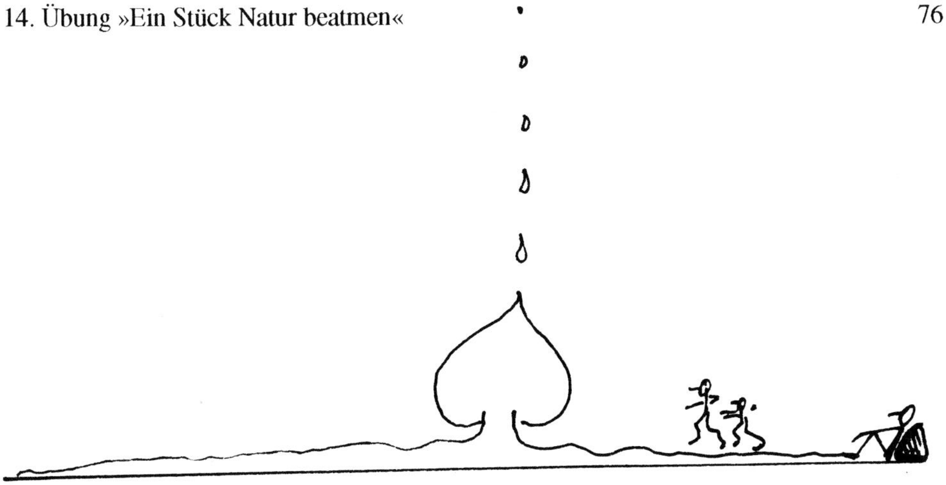

VORWORT UND HINFÜHRUNG

von WALDEFRIED PECHTL

In diesem Buch wird es offensichtlich.

Durch Übungen wird das Laufen zur wichtigsten Nebensache, und gleichzeitig rückt der Wert der meditativen Besinnung in den Vordergrund.

Laufen, nichts als laufen.

Üben, sich besinnen und in Gedanken vertiefen.

Beiläufig im Meditieren sich versenken, im Bewußtheitswechsel Neues erspüren und entdecken.

Laufen (auch das Gehen) ist bei der Aufgabe der Schnelligkeit eine Bewegungsart, die uns weiterführt und nichts braucht als ihren wiederholenden Ablauf.

Jeder Schritt ein erreichtes Ziel,
viele Schritte der Weg,
Wege als Verbindung von Orten,
bis dorthin, wo die innere Ruhe aus der Bewegtheit heraus zu spüren ist.

Meditation ist bei der Aufgabe des Ablaufes die Gelegenheit die Besinnung zu leben. Es wird ein bewußtes für sich leben, ohne sich zusätzlichen Außeneinflüssen auszusetzen. Das Innerste ist die bewegte Kraft, die uns weiter treibt. Das Nichts wird als Nichts begriffen und die Gedanken nähern sich den Grenzen, die sie überschreiten werden.

Die Verbindung von Laufen und Meditieren ist der Weg in das geschenkte Leben. Wir brauchen in unseren Breitengraden und Jahreszeiten energetisierende Bewegungsformen, um uns zu reinigen, uns aufzuladen und um austauschen zu können. Wir erzeugen genügend Wärme, aber viele Menschen sind kalt und steif geworden. Das Warmherzige, Heitere und Gütige kann nur von innen kommen, von weit innen.

Also, ein langer Weg, der das besinnliche Laufen mag.

Mein Freund, Reinhold Dietrich, ist ein begabter Wegbereiter, und mit diesem Buch ein Schenker von Anregungen und geheimnisvollem Wissen für den Leser; es lohnt sich, zwischen den Zeilen und Übungen zu verweilen.Für ihn geschrieben und diesem Buch gewidmet, einige Zeilen der Wegbetrachtung (= Meditation).

Und als er ihn
ging,
war er bereits
vergessen.

Gewöhnlich
berührt der Fuß
bei jedem Schritt
den Boden -
um vorwärtszukommen.

Unbeachtet bleiben meist
die Augenblicke,
wo die Füße
luftig über dem Boden
schwingen.

Jede Berührung zum Boden
bezeichnet den Weg,
jede Schwingung
löscht die Spuren.

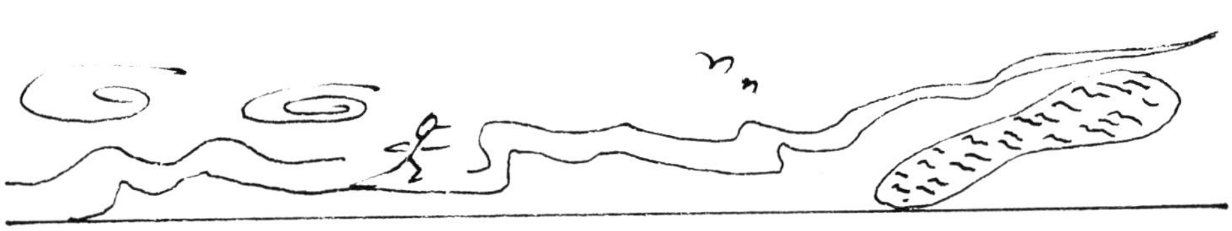

Der meditative Weg
ist das spurenlose Überqueren
von Wegstrecken,
von Wegen,
die nicht vorgezeichnet sind.

Und als er ihn
lief,
war er
am Anfang.

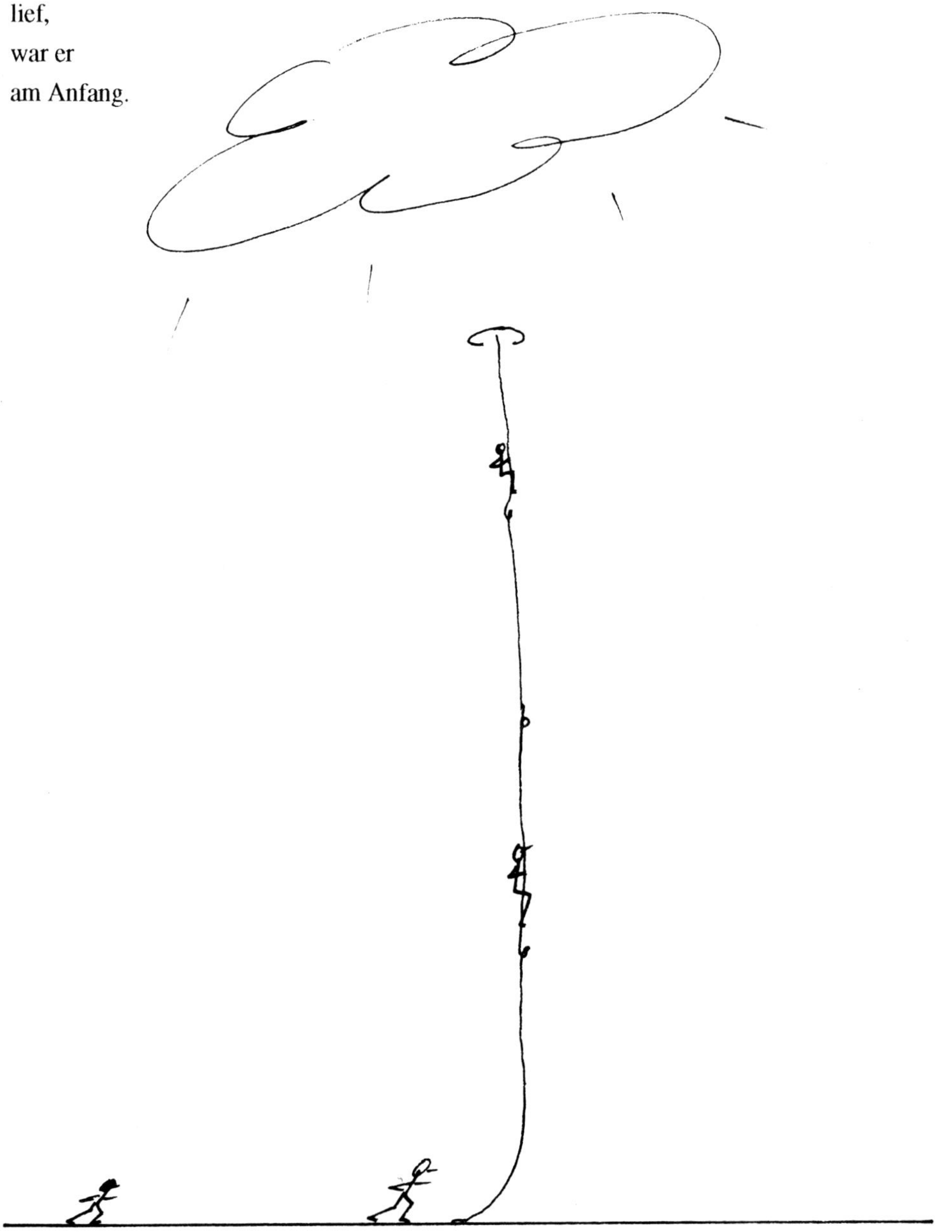

Wir können nicht das Leben anklagen,
daß es uns den Sinn schuldig bleibt,
denn es kann doch immer nur den Sinn
gewinnen, den wir ihm geben.
Erwin Ringel

VORBEMERKUNGEN

ZUSAMMENFASSUNG DER VIER EINFÜHRUNGEN

Die diversen Einführungen betreffen verschiedene Ebenen des Nach-innen-Laufens. Vom einfachen rhythmischen Laufen bis zum rituellen Laufstil.

1. Welche Richtung ist Nach-innen-Laufen? (Nach-innen-Laufen ist der Weg zu meditativen Laufen)
2. Geschwindigkeit ist beim Nach-innen-Laufen kein Thema.
3. Nach-innen-Laufen ist nicht joggen, nicht Sport, nicht Wettkampf.
4. Meditatives Nach-innen-Laufen ist archetypische Landschaften durchlaufen, zum Schatz, der im Land »Nirgendwo« versteckt ist.

Der Schwerpunkt dieses Buches ist den Entspannungsmöglichkeiten durch meditatives Laufen gewidmet. Durch meditative Übungen, ihre ausgleichende und entspannende Wirkung, werden Kräfte frei, die für neue Aufgaben, für sinnvolle Tätigkeiten und ein erfüllendes Zusammenleben genutzt werden können: Bio-Energetik.

In einer Zeit, wo Leistung überbetont wird, ist für die Erhaltung der persönlichen und so-

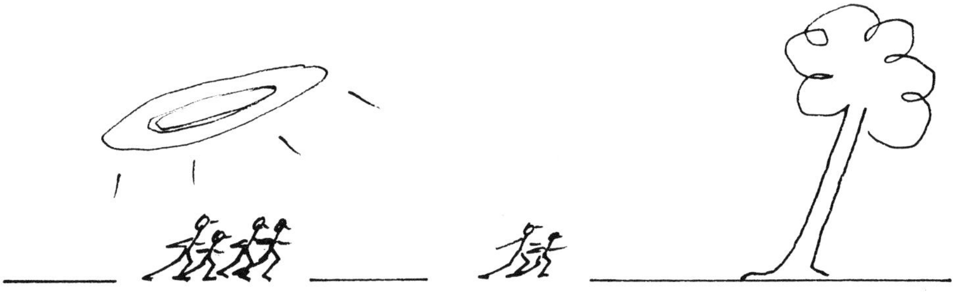

zialen Gesundheit und für die unerläßliche Pflege der Seele das Thema »Entspannung« als Ausgleich lebensnotwendig.

In einer Zeit, wo das äußere und veräußerlichende Leben mit Hochdruck durch die Eigendynamik von Gesellschaften und ökonomischen Systemen vorangepeitscht wird, beginnt das Verinnerlichende des Meditativen einen gewichtigen, ausgleichenden und für sich selbst sprechenden Wert zu gewinnen.

Der Schwerpunkt dieses Buches liegt auf praktischen Übungen:

Der Teil I beginnt zum leichten Start mit bioenergetischen Lauf- und Konzentrationsübungen.

Das zentrale Kapitel, Teil II »Meditatives Laufen«, beinhaltet neben den meditativen Übungen im engeren Sinn eine Abhandlung, in der auf den Stellenwert des Meditativen in der Psychotherapie eingegangen wird.

Entspannung - beginnt mit der Konzentration auf die Schwerkraft, im Liegen (wie z. B. auch im autogenen Training), im Sitzen, im Stand, in der Bewegung. Entspannung beginnt im Augenblick, in dem man jeden Gedanken an Leistung ausläßt und aufgibt, und man die Freude an der Bewegung, an der Atmung, am Rhythmus, an den Farben, am Licht, am Leben, an den Plätzen, an der Natur, am Genuß des Miteinanderlaufens hervortreten läßt.

Es gibt beim meditativen Laufen/Gehen - wie überhaupt im Meditativen - vier grundsätzliche Bewegungsrichtungen:

> nach »unten«,
> nach »innen«,
> nach »oben«,
> nach »außen«.

Im ersten Teil des Buches liegt der Schwerpunkt auf körperbezogenen, bioenergetischen Laufübungen. Diese Übungen schulen die bewußte Beziehung zur Erde (nach »unten« gehen/laufen) und die Konzentration auf bestimmte Bereiche und Inhalte (nach »innen« gehen/laufen). Die körperbezogenen, bioenergetischen Übungen sind wichtiger Schritt und Voraussetzung zur Entspannung. Ich selbst beginne immer mit diesen ganz einfachen Übungen, bevor ich mich mit Bildern oder abstrakten Begriffen (nach »innen« und nach »oben« gehen/laufen), die hohe Emotionen beinhalten können, beschäftige.

Der zweite Teil des Buches beinhaltet meditative Laufübungen im engeren Sinne (nach

»innen« und nach »oben« gehen/laufen). Aber auch diese Übungen sind größtenteils unter dem Blickwinkel der Entspannung ausgesucht.

Wer fasziniert und bewegt von bestimmten Laufübungen ist, wird etwas von deren Glanz an andere weitergeben (nach »außen« gehen/laufen).

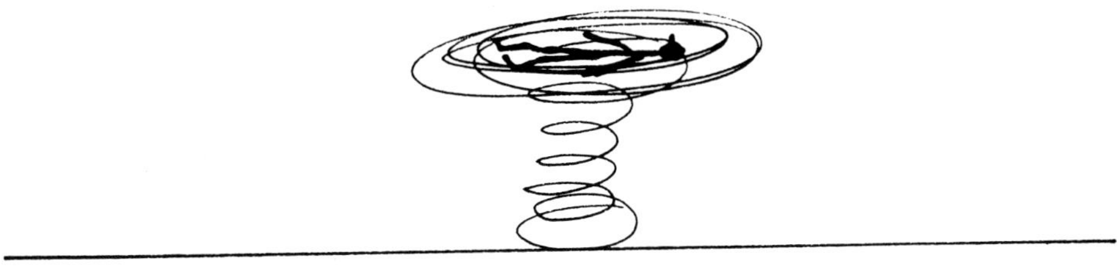

DER GANZ NORMALE WAHNSINN

Leben oder »durchwurschteln«?
Oder über dem Arbeitsalltag und der unterschwelligen Existenzangst alles wegschieben.
Falsche Bequemlichkeit,
Verdrängung der offensichtlichen Zerstörung,
die im Namen des Fortschritts vor unseren Augen vor sich geht. Der höchste Eintrittspreis zur scheinbaren Glückseligkeit.
Es ist Zeit zum Aufwachen! Hallo! Aufwachen!

Auch in der Schule lernten wir, die Aktualität des Lebens zu verdrängen. Dort sind wir zivilisiert worden, unsere natürlichen Instinkte und Gefühle waren dort meistens nicht gefragt, der Kraft unserer Interessen wurden Lehrinhalte verpflichtend gegenübergestellt, unser gesunder Bewegungsdrang wurde mit schlechten Betragensnoten zersetzt.
Treiben uns Ängste oder bewegen uns tiefe Einsichten? Bewegen uns wirkliche Erkenntnisse? Oder werden wir bereits von den selbst gemachten Wirtschafts- und Gesellschaftssystemen beherrscht und bedroht?
Mit dem »ganz normalen Wahnsinn« leben. Wir haben ihn bereits akzeptiert. Gestank, ständiger Lärm, Vergiftung und Entsorgungslosigkeit als Preis für grenzenlosen technischen Fortschritt. Es ist, als ob wir ohne Leber und Nieren lebten, ohne gesellschaftliches Entgiftungssystem. Wo treibt es uns wohl hin, wenn nicht jeder Einzelne mehr eingreift?
Streß, ein Modewort oder eine Tatsache? Wer keinen Streß hat, der ist nicht modern. Wer Streß nicht kennt, ist kein vollwertiges Mitglied dieser Gesellschaft. Streß, der uns bereits abgeht und der im Urlaub unbedingt fortgesetzt werden muß - Streß als unser bester Verdrängungsmechanismus. Der Streß wird als Grund herbeizitiert, um weiter nichts Sinnvolles zu tun, »weil man eben nicht dazukommt«.
Menschen, die »freiwillig« im Stau stehen und die selbstgemachten Auspuffgase einatmen. 17.000 Container mit radioaktivem Material, die 1600 Kilometer von Murmansk entfernt einfach ins Meer gekippt wurden. Wer weiß, wie viele »Murmansks« es noch auf dieser Erde gibt? Das ist »der ganz normale Wahnsinn«. Wir nehmen die weltweite Zerstörung in Kauf für unseren sogenannten »Wohlstand«.
»Nicht schon wieder«, höre ich Sie bereits sagen »wir wissen dies ja alles, *aber...*«. Seit

Erwin RINGELs »Die Österreichische Seele« (siehe Literaturverzeichnis) erschien, braucht es Mahner, Mahner nicht aus Feindseligkeit, sondern aus Liebe zum Leben und zu den Menschen. Es ist nur allzu verständlich, daß wir vergessen, verdrängen, wegschieben. Langfristig gesehen ist es jedoch eindeutig günstiger, das scheinbar Unbequeme immer wieder hochzubringen, bewußt und sichtbar zu machen, die Aufgaben und Probleme aktiv anzugehen statt sie zu verdrängen.

Auf der einen Seite »dieser ganz normale Wahnsinn«.

Auf der anderen Seite wächst die Sehnsucht nach Ruhe, nach Entspannung, nach Besinnung, nach innerem Frieden in vielen. Wahrer Friede kann nur von innen ausgehen.

Innen Frieden, außen Frieden.

Dieses Buch möchte einen Weg aufzeigen, Frieden, Entspannung, Besinnung, Sinn in sich selbst entstehen zu lassen, nicht um in entfremdendem Rückzug zu enden, nicht um dann noch leistungsfähiger zu sein, sondern um hoffentlich die Alltagswelt dadurch mit sinnvollen Inhalten, Produkten und Aussagen zu bereichern.

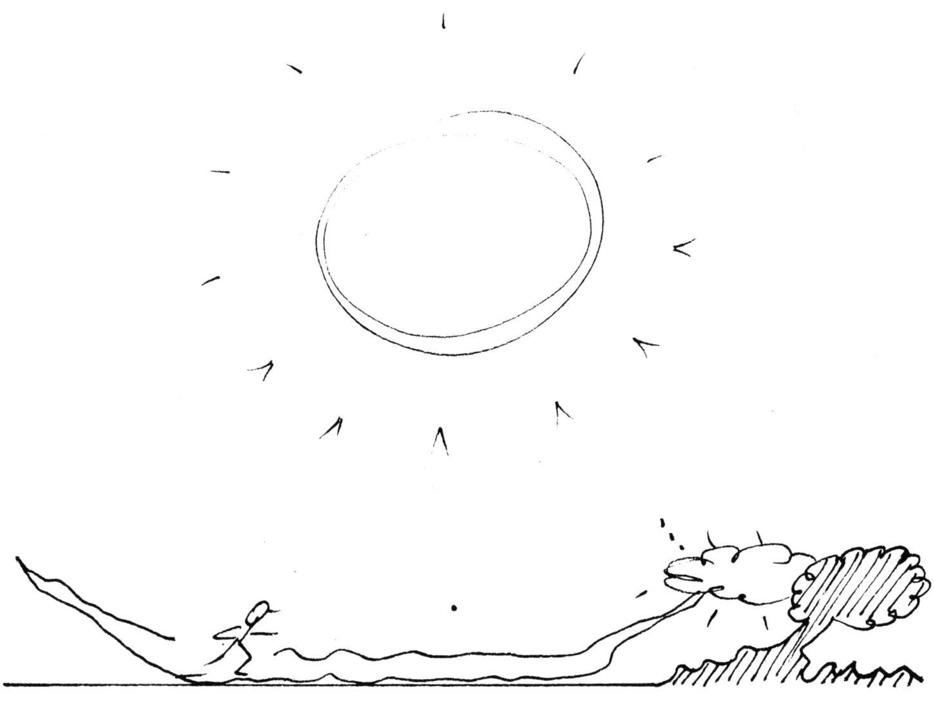

ERSTE EINFÜHRUNG

Nach-innen-Laufen ist der Weg zum meditativen Laufen.

Weiter ... nach innen.

»Wohin laufe ich da, wenn ich Nach-innen-Laufe?« fragte einmal jemand. Ja: »Wohin laufe ich da?«

Unter uns gesagt, es ist ja eine wirklich ziemlich unmögliche Richtung. Dennoch: Nach-innen-zu-Laufen bedeutet, sich auf dem »Weg der Begeisterung« zu bewegen.

»Nach innen« ist eigentlich eine Richtung, die es nicht gibt. Gerade weil diese Richtung so unvorstellbar ist, ist sie so ungemein reizvoll. Vielleicht ist es eine Richtung zur Natur hin, oder zum Menschen, oder zum Wesen des Wesentlichen, oder zum Licht, oder zu tiefer Erfüllung, oder zur Stille, oder...

»Ja« sagte der Fuchs »man sieht nur mit dem Herzen gut.«

»Ja« wiederholte der Kleine Prinz langsam und bedächtig »man sieht nur mit dem Herzen gut.«

Dies erzählte uns längst Antoine de Saint-Exupéry.

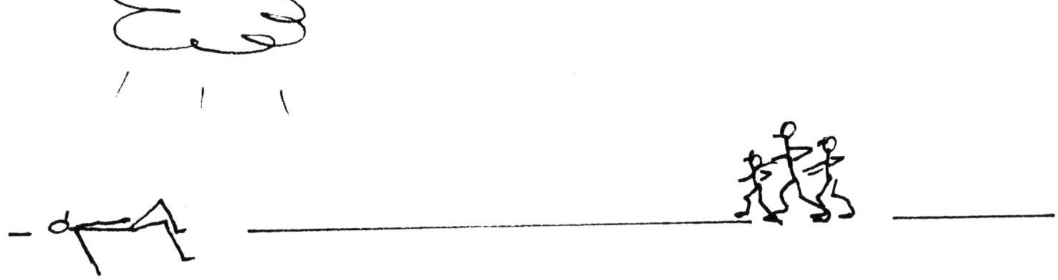

ZWEITE EINFÜHRUNG

Geschwindigkeit ist ab heute kein Thema mehr.

Zeit und Kilometer sind in der Innenwelt unbedeutend. Das bewußte Laufen und das bewußte Miteinanderlaufen stehen im Vordergrund. Lauffreunde, nicht Lauffeinde. Lauffeinde haben einen hohen Preis: man muß sich abplagen, um ihnen folgen zu können; irgendwie schaffen sie es immer, einen zu frustrieren; nach dem Lauf mit ihnen ist nicht Freude vorherrschend, sondern Müdigkeit, Demotivation, Frust. Lauffeinde laufen um der Erhebung ihres Egos willens, sie haben nicht die Kraft, samt ihrer ganzen körperlichen Energie so langsam zu laufen, daß ein lustvolles Miteinander entsteht. Man kann sie nur ziehen lassen, dann ist man wieder alleine, oder sich quälen, ein hoher Preis für ein Zusammensein.

»Die Welt ist ja voller Konkurrenten« sagte einer der Lauffeinde »und durch die Konkurrenz kommt ja so viel Neues zustande.« Ich sah ihn an und bemerkte hilflos, daß er diesen Satz bereits glaubte und wußte nicht wie ich ihm deutlich machen könnte, daß »Glück-Seligkeit« gerade auf dem anderen Wegweiser gestanden war.

Der »rasende Johannes« ist beurlaubt:

Sinn-volle Bewegung.

Be-sinn-liches Tun.

Bewußtes Atmen.

Bewußtes Auftreten.

Die Innenräume nutzen.

Miteinander den Rhythmus genießen.

Wieder neugierig sein.

Staunen über das kleinste Blatt und diese wunderschöne Blüte.

Experimentieren.

Dem Unwichtigen Raum geben.

Die vielen Farben des Einen in der Bewegung betrachten.

Im Angesicht der Pracht der untergehenden Sonne jauchzen.
In das Licht der Sonne hineinlaufen.
Stolpern.
Lächeln.
Von unsichtbaren Fäden gezogen und bewegt werden.
Schritt für Schritt und Atemzug für Atemzug bewußt leben...

DRITTE EINFÜHRUNG

Nach-innen-Laufen ist die einfachste Form des besinnlich-meditativen Laufens und führt übergangslos zu intensivem meditativen Laufen, daher:

Nach-innen-Laufen ist nicht joggen, ist nicht Sport, ist nicht Wettkampf gegen sich, nicht Kampf gegen die Zeit, nicht offensichtliche oder unterschwellige Konkurrenz gegen imaginäre Gegner; Nach-innen-Laufen ist Freude an der Bewegung, ist Freude am rhythmischen Fluß des Lebens, ist Genuß des miteinander in der Natur in Bewegung-Seins.

Nach-innen-Laufen ist bewußtes Sich-Bewegen, bewußtes Laufen.

Nach-innen-Laufen ist körperliche und seelische Reinigung.

Nach-innen-Laufen ist bewußtes Durchlaufen des Jahresumlaufs.

Nach-innen-Laufen ist zur Natur hin zu laufen und irgendwann zu fühlen, zu erleben, daß diese dadurch zum Freund wird. (»Eines Tages« erzählte B. mir: »Ich ahnte schon lange inwendig, daß diese Bäume meine Freunde waren. Als ich sie immer wieder intensiv ansah, wußte ich es plötzlich nicht mehr nur metaphorisch, es war eine starke Gewißheit in mir entstanden, sie waren tatsächlich meine Freunde geworden.«)

Nach-innen-Laufen ist Hinlaufen zur Natur bis an jenen Umschlagpunkt, wo innere Natur und äußere Natur eins werden.

Nach-innen-Laufen ist mit Hilfe von hier beschriebenen oder selbst erfundenen Übungen, die jenseits von Äußerlichkeit stehen, zu laufen.

Nach-innen-Laufen bedeutet besinnlich zu laufen, sich laufend mit menschlich tiefen Inhalten zu bewegen, sich laufend als Mensch zu verfeinern und langsam vorzudringen auf dem »Abenteuer Innenwelt«.

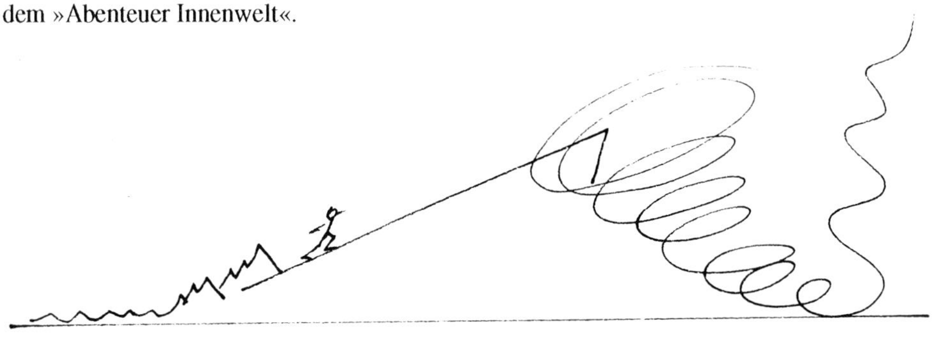

Nach-innen-Laufen hin zum Meditativen, hinein in archetypische Landschaften.
Meditatives Laufen ist einfach gut, auch wenn man es anderen nicht oder nur annähernd erklären kann, was man dabei tut und was einem dabei geschieht.
Nach-innen-Laufen ist unvorstellbar, unbeschreibbar, undenkbar, aber erfahrbar.
Meditatives Laufen kann sinn-voller Weise nur bedeuten:

Dem eigenen Ego immer mehr davonzulaufen,
nicht schnell, aber beständig.

Meditatives Laufen bedeutet den Sinn des Lebens immer mehr zu ergründen und unablässig zu fragen: Was ist der Sinn meines Lebens? Wo komme ich her? Wo gehe ich hin? Wer bin ich wirklich? Wer war ich bevor meine Mutter und mein Vater geboren waren? Wo bin ich, wenn ich kurz anhalte und zwischen zwei Gedanken verweile? ... Hier, diese Ewigkeit; dort, diese Begrenztheit. Kleinheit und Größe, Pracht und Erbärmlichkeit, Gnade und Fluch, Diesseits und Jenseits, Herzlichkeit und Härte, aber diese Leere hinter der Stille, aus helldurchwachten Nächten und dunklen Tagen fliessen Tränen an Seligkeit.

VIERTE EINFÜHRUNG

Nach-innen-Laufen ist der Beginn des In-sich-Gehens; indes man dorthin, an jenen rätselhaften Ort ewig menschlicher Sehnsucht unterwegs ist, wird man langsamer und langsamer werden, bis man nicht mehr weiß, ob man sich selbst bewegt, ob man gar selbst ruht, während man mit der Leichtigkeit des Lichts, auf den Flügeln des Götterbotens im Nu die Unermeßlichkeit des Raums durchmißt und sich außer ihm befindet.

Meditatives Nach-innen-Laufen ist unvorstellbar und dennoch sollten wir es glücklich wagen aufzubrechen, zu uns selbst, sollten das scheinbar Unvorstellbare tun und uns aufmachen in die reizvolle Fremde unserer eigenen Anderswelt. Die bewußte Atmung und der ewig ungetrübte Reiz des Rätselhaften sollten Anreiz genug sein, uns aufzumachen, Odysseus gleich, vom Wind des Atems über Ozeane getragen, in sternendurchwirkten Nächten und an sonnenbeschienenen Gestaden geprüft und immer wieder an seiner Unbeirrbarkeit erprobt.

Unter den Steinen, in der Tiefe des dunklen Waldes, am Grund des Ozeans, in der Höhe des riesigen Kristallberges, in jenem abgeschlossenen Kämmerlein, im Geäst des kosmischen Baumes, in den Traumbildern Deiner Höhe suchend, immerzu das Ganze des Wunderbaren suchend, Dich und dich anderes Wesen ergründend, um letztendlich - vielleicht - sich selbst in Dir verborgen zu finden.

Meditativ laufen, in die Höhle des Herzens im Herzen, direkt ins Licht hinein bis Sinne entschwinden, über den Styx der Unterwelt durch den verwandelnden Hades, durch die Tiefe des Ozeans nach dem goldenen Atlantis, ans Ende der Welt zu den Zeugen göttlicher Bilder, in die kraftvolle Welt hinter dem großen dunklen Wald, hinein in den sich öffnenden Berg nach Nirgendwo, wo unsagbare Schätze auf den Geduldigen warten, der sich zu ihnen beständig, ausdauernd und unbeirrbar hinbewegt.

Zwei Geschichten mögen diese Reise nach innen wegweisend illustrieren.

Die erste stammt aus dem Geschichtenschatz der Brüder Grimm und markiert in sehr knappen Bildern die Richtung, die Richtung nach innen. Der Dümmling, der »dumme Hans« ist nicht wirklich dumm, er ist nur anders, »anders gescheit«; dadurch, daß er anders ist, ist ihm möglich, aus festgefügten und allzusehr gewohnten Vorstellungsgebilden auszubrechen und aufzubrechen zu einer anderen Art von Wirklichkeit; ihm widerfahren

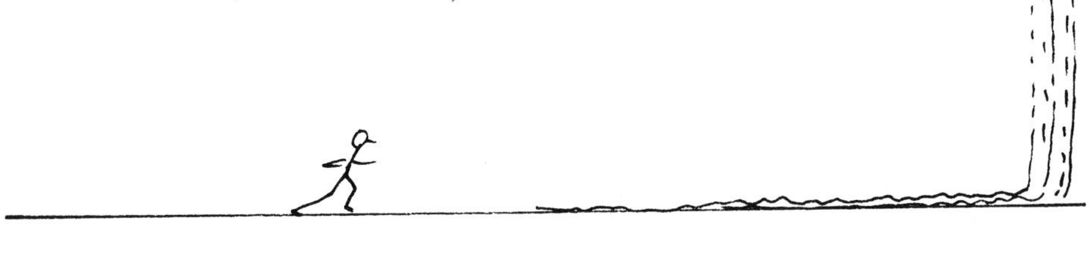

Dinge, die man sich vorstellen kann, die man sich aber vielleicht nicht vorstellen will, als sogenannter Erwachsener. Die Ebenen des Bewußtseins dieser Geschichte sind - so unscheinbar sie scheinen - aus Traumfäden gesponnen. Man darf sich durch die Schlichtheit der Darstellung nicht täuschen lassen. Tatsächlich markiert uns der Dümmling eine Reise, die ihn zuallerletzt zu sich selbst, zu seinem wahren Wesen führt.
Er erlangt Weisheit und tritt sein »altes Erbe« an.

DÜMMLING
Es war einmal ein Hans, der war so unerhört dumm, daß ihn sein Vater in die weite Welt jagte.
Er rannte vor sich hin, bis er an das Meeresufer kam. Da setzte er sich hin und hungerte.
Bald kam eine häßliche Kröte auf ihn zu und quackte, »umschling mich und versenk Dich!« So kam sie zweimal, er aber weigerte sich; wie sie aber zum dritten Mal kam, folgte er ihr.
Er sank unter und kam an ein schönes Schloß im Meer. Hier diente er der Kröte.
Endlich hieß sie ihn mit ihr zu ringen, und er rang, und die häßliche Kröte ward zu einem schönen Mädchen und das Schloß mit all seinen Gärten stand auf der Erde.
Hans ward gescheit, ging zu seinem Vater und erbte sein Reich (BRÜDER GRIMM; Fassung sprachlich leicht überarbeitet).

Die zweite Geschichte stammt ebenfalls aus dem Geschichtenschatz der Brüder Grimm. Auch in ihr geht es um eine intensive persönliche Wandlung und Verwandlung, die durch das Nach-innen-Laufen und konsequente In-sich-Gehen hervorgerufen wird. Es ist davon auszugehen, daß alle im sogenannten Märchen gezeigten Bilder und Stationen wahren, inneren Begebenheiten entsprechen, nichts davon im oberflächlichen Sinne erfunden oder bloß ausgedacht ist. Eine große Zahl von Märchen, Metaphern, von Gleichnissen und Mythen sind im Grunde für Erwachsene geschrieben worden und wurden erst im nachhinein verniedlicht. Sie sind der geisteswissenschaftliche Schatz eines ganzen Volkes, sie sind das Brot der Philosophie.
Dort beim »anders dummen Hans« war es das Schloß am Meeresgrund und die Prinzessin, die es zu erringen galt. Hier ist es die Kristallkugel und ebenfalls die Verwandlung der gefangenen und oberflächlich-häßlich scheinenden Prinzessin in ihr wahres und glanzvolles

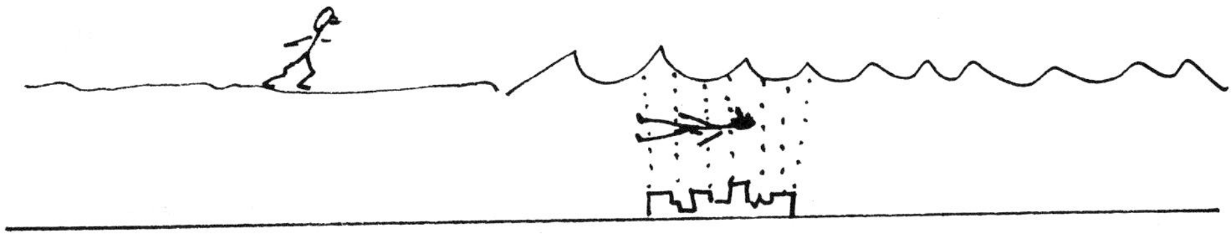

Wesen. Begleiten wir nun den Jüngsten, unseren Helden der Seele auf den Stationen seiner Reise nach innen aufmerksam:

DIE KRISTALLKUGEL

Es war einmal eine Zauberin, die hatte drei Söhne, die sich brüderlich liebten; aber die Alte traute ihnen nicht und dachte, sie wollten ihr ihre Macht rauben.

Da verwandelte sie den Ältesten in einen Adler, der mußte auf einem Felsengebirge hausen, und man sah ihn manchmal am Himmel in großen Kreisen auf- und niederschweben. Den zweiten verwandelte sie in einen Walfisch, der lebte im tiefen Meer, und man sah nur, wie er zuweilen einen mächtigen Wasserstrahl in die Höhe warf. Beide hatten nur zwei Stunden jeden Tag ihre menschliche Gestalt. Der dritte Sohn, da er fürchtete, sie möchte ihn auch in ein reißendes Tier verwandeln, in einen Bären oder einen Wolf, so ging er heimlich fort. Er hatte aber gehört, daß auf dem Schloß der goldenen Sonne eine verwünschte Königstochter säße, die auf Erlösung harrte; es müßte aber ein jeder sein Leben daran wagen; schon dreiundzwanzig Jünglinge wären eines jämmerlichen Todes gestorben und nur noch einer übrig, dann dürfte keiner mehr kommen. Und da sein Herz ohne Furcht war, so faßte er den Entschluß, das Schloß von der goldenen Sonne aufzusuchen.

Er war schon lange Zeit herumgezogen und hatte es nicht finden können, da geriet er in einen großen Wald und wußte nicht, wo der Ausgang war. Auf einmal erblickte er in der Ferne zwei Riesen, die winkten ihm mit der Hand, und als er zu ihnen kam, sprachen sie: »Wir streiten um einen Hut, wem er gehören soll, und da wir beide gleich stark sind, so kann keiner den anderen überwältigen; die kleinen Menschen sind klüger als wir, daher wollen wir Dir die Entscheidung überlassen.« »Wie könnt' Ihr Euch um einen alten Hut streiten?« sagte der Jüngling. »Du weißt nicht, was er für Eigenschaften hat, er ist ein Wünschhut, wer den aufsetzt, der kann sich hinwünschen, wohin er will, und im Augenblick ist er dort.« »Gebt mir den Hut,« sagte der Jüngling, »ich will ein Stück Weges gehen, und wenn ich Euch dann rufe, so lauft um die Wette, und wer am ersten bei mir ist, dem soll er gehören.« Er setzte den Hut auf und ging fort, dachte aber an die Königstochter, vergaß die Riesen und ging immer weiter. Einmal seufzte er aus Herzensgrund und rief:»Ach, wäre ich doch auf dem Schloß der goldenen Sonne!« Und kaum waren die Worte über seine Lippen, so stand er auf einem hohen Berg vor dem Tor des Schlosses. Er trat hinein und ging durch alle Zimmer, bis er in dem letzten die Königstochter fand. Aber wie erschrak er, als er sie anblickte: sie hatte ein aschgraues Gesicht voll Runzeln, trübe Augen und rote Haare. »Seid Ihr die Königstochter, deren Schönheit alle Welt rühmt?« rief er aus.

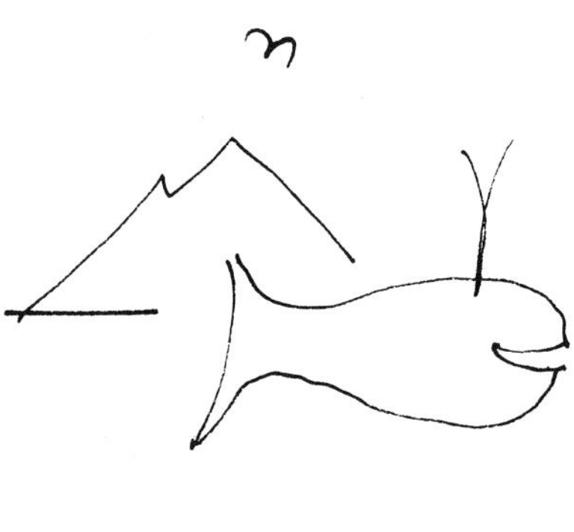

»Ach,« erwiderte sie, »das ist meine Gestalt nicht, die Augen der Menschen können mich nur in dieser Häßlichkeit erblicken, aber damit du weißt,. wie ich aussehe, so schau in den Spiegel, der läßt sich nicht irremachen, der zeigt Dir mein Bild, wie es in Wahrheit ist.« Sie gab ihm den Spiegel in die Hand, und er sah darin das Abbild der schönsten Jungfrau, die auf der Welt war, und sah, wie ihr vor Traurigkeit die Tränen über die Wangen rollten. Da sprach er: »Wie kannst Du erlöst werden? Ich scheue keine Gefahr.« Sie sprach: »Wer die kristallene Kugel erlangt und hält sie dem Zauberer vor, der bricht damit seine Macht, und ich kehre in meine wahre Gestalt zurück.« »Ach,« setzte sie hinzu, »schon mancher ist darum in seinen Tod gegangen, und Du, junges Blut, Du jammerst mich, wenn Du Dich in die großen Gefährlichkeiten begibst.« »Mich kann nichts abhalten, « sprach er, «aber sage mir, was ich tun muß.« »Du sollst alles wissen,« sprach die Königstochter, »wenn Du den Berg, auf dem das Schloß steht, hinabgehst, so wird unten an einer Quelle ein wilder Auerochse stehen, mit dem mußt Du kämpfen. Und wenn es Dir glückt, ihn zu töten, so wird aus ihm ein feuriger Vogel sich erheben, der trägt in seinem Leib ein glühendes Ei, und in dem Ei steckt als Dotter die Kristallkugel. Er läßt aber das Ei nicht fallen, bis er dazu gedrängt wird, fällt es aber auf die Erde, so zündet es und verbrennt alles in seiner Nähe, und das Ei selbst verschmilzt und mit ihm die kristallene Kugel, und alle Deine Mühe ist vergeblich gewesen.«
Der Jüngling stieg hinab zu der Quelle, wo der Auerochse schnaubte und ihn anbrüllte. Nach langem Kampf stieß er ihm sein Schwert in den Leib, und er sank nieder. Augenblicklich erhob sich aus ihm der Feuervogel und wollte fortfliegen, aber der Adler, der Bruder des Jünglings, der zwischen den Wolken daherzog, stürzte auf ihn herab, jagte ihn nach dem Meer hin und stieß ihn mit seinem Schnabel an, so daß er in der Bedrängnis das Ei fallen ließ. Es fiel aber nicht ins Meer, sondern auf eine Fischerhütte, die am Ufer stand, und die fing gleich an zu rauchen und wollte in Flammen aufgehen. Da erhoben sich im Meer haushohe Wellen, strömten über die Hütte und bezwangen das Feuer. Der andere Bruder, der Walfisch, war herangeschwommen und hatte das Wasser in die Höhe getrieben. Als der Brand gelöscht war, suchte der Jüngling nach dem Ei und fand es glücklicherweise; es war noch nicht geschmolzen, aber die Schale war von der plötzlichen Abkühlung durch das kalte Wasser zerbröckelt, und er konnte die Kristallkugel unversehrt herausnehmen.
Als der Jüngling zu dem Zauberer ging und sie ihm vorhielt, so sagte dieser: »Meine Macht ist zerstört, und Du bist von nun an der König vom Schloß der goldenen Sonne. Auch Deinen Brüdern kannst Du die menschliche Gestalt damit zurückgeben.«

Da eilte der Jüngling zu der Königstochter, und als er in ihr Zimmer trat, so stand sie da im vollen Glanz ihrer Schönheit, und beide wechselten voll Freude ihre Ringe miteinander (GRIMM BRÜDER, S 789).

> KOMMENTAR

Vorbemerkungen: Alle Symbole, Figuren, Bilder in bedeutsamen Träumen oder gehaltvollen Geschichten, wie diese eine ist, sind Anteile in uns selbst; sie sind Gegenden unserer ungeteilten Seelenlandschaft, die ins Archetypische hineingebildet sind, die in uns und in unserem Bewußten/Unbewußten/Überbewußten liegen. Ausziehend, um die Tiefe des Sinns zu ergründen, können wir wie der Held dieser Geschichte Wege finden, um diese verborgenen Landschaften zu bewandern und uns langsam mit ihnen vertraut zu machen. Tun wir dies nicht, so bleiben wir uns selbst vielleicht ein Leben lang fremd. Im Archetypischen - gleich wie es sich zeigt - vereinen sich Unbewußtes und Überbewußtes zur Herrlichkeit eines Einzigen. Wege hinein ins Archetypische des Unbewußten und Überbewußten können märchenhafte Träume sein und das Meditative.

Wie das Märchen schon ankündigt, geht es um »die Kristallkugel«, die ein Schlüssel zur inneren Befreiung ist; desweiteren geht es wesentlich im Leben um das Auffinden »des goldenen Schoßes der Sonne« und um die Befreiung und Verwandlung der unbeschreiblich schönen Prinzessin.

Am Beginn der Reise in die Innenwelten erscheint die Gestalt der dunklen Zauberin; am Ende die des dunklen Zauberers. Die lichten Aspekte der Kristallkugel, des sonnengoldenen Schloßes und der unsagbar strahlenden Schönheit der Prinzessin werden von den dunklen Aspekten der verwünschenden Zauberer umrahmt. Fluch oder Segen, das ist die Frage! Verwünschung oder Verwandlung, Gefangenschaft oder Freiheit, Tod oder Leben.

Wie in jeder vernünftigen Geschichte siegen die lichten Aspekte letztlich über die Kräfte der Dunkelheit. Das »Kind in uns« wartet wie damals sehnsüchtig auf diesen Augenblick. Der letzte Anstoß des Helden für diese »Reise in die Innenwelten« ist die Angst wie seine Brüder verzaubert zu werden. Er flieht dem schlechten Einfluß der Zauberin und begibt sich auf den »Weg der Verwandlung«. Irgendetwas zieht den Helden unaufhaltsam, Schritt für Schritt vorwärts. Er hört von der wunderbaren, verwunschenen Königstochter, die auf Erlösung wartet und wird unwiderstehlich vorwärtsgezogen. Durch seinen Heldensapekt ruft ihn die innere Stimme, die ihn, Kopf und Kragen riskierend, kompromißlos in Rich-

tung Erlösung, Befreiung und Verwandlung »der Prinzessin« und seiner selbst zieht. Der sich durch das Märchen träumende Prinz kommt an seinem Grab nicht vorbei. Dreiundzwanzig Prinzen haben es vor ihm schon probiert und ihr Leben lassen müssen. In Gestalt dieser toten Prinzen wird er mit der Unausweichlichkeit seines eigenen Todes befaßt, mit dem Sterblichen und mit dem Ewigen in ihm selbst befaßt. Im übertragenen Sinn sind es die vielen Tode, die er selbst »sterben« (Egotode) muß, bevor er so weit und so selbstlos ist, daß er jene Art von Kraft erreicht, um die Prinzessin aus ihrem weltlichen Verwunschensein befreien zu können. Er macht sich selbst durch seine Reise zum freienden Befreier.

Das Märchen sagt uns weiters, daß es um eine lange Suche geht; lange sucht der Prinz bis er aus dem dunklen Wald herausfindet ins Licht. Als nächsten Schritt muß er den Streit, den Unfrieden und den Krieg in sich in Gestalt der streitenden Riesen überwinden. Dadurch bekommt er wichtige Eigenschaften und Kräfte in Form »des alten Hutes«. Als nächstes zeigt uns das Märchen die Kraft der Seufzer, die aus dem Herzensgrund aufsteigen. Wenn es ihm nur einmal gelingt, wirklich aus tiefstem Herzensgrund zu seufzen, versetzt ihn dies sofort, augenblicklich, an den Ort seiner tiefsten Sehnsüchte und Wünsche. Durch diese kleine Szene des Seufzenden wird auf eine sehr tiefgehende kontemplative Übung hingewiesen. Dann wird der Held in einem einzigen Moment hoch auf den Berg vor die Tore des Schloßes von der goldenen Sonne getragen. Im hintersten und letzten Zimmer, wo er schon alle Hoffnung und Zweifel hinter sich gelassen hat, findet er die verwunschene Prinzessin: »Ach, wie häßlich sie ist!« Noch einmal flackert das Thema von Täuschung und Enttäuschung auf, von Illusion und wahrer Wirklichkeit. Doch die Prinzessin besitzt trotz ihrer eingeschränkten Lage etwas sehr Wertvolles. Sie besitzt jenen Spiegel, in dem man das innerste Wesen erblicken kann. Und er erblickt ihr innerstes Wesen. Er sieht das Wunderbarste, was er je gesehen hat, und intuitiv weiß er, daß er sein eigenes Selbst, seinen subtilen Traumkörper geschaut hat.

Die Prinzessin kann sich aus eigener Kraft allein nicht befreien. Sie sehnt sich nach Befreiung aus ihrer Gefangenschaft, aber sie kann es nicht allein schaffen. Etwas anderes muß dazukommen, eine Kraft in Gestalt des Prinzen. Nun erobert der mutige Prinz mit Hilfe seiner Brüder die Kristallkugel. Er dringt damit durch die Elemente hindurch vor zu den innersten und verborgensten »Be-Reichen«, zum wahren Selbst. Dieses Leuchtende, Durchscheinende, Lichtvolle symbolisiert die Kristallkugel. Die feinste Schwingung und die größte Kraft ist ihr zu eigen.

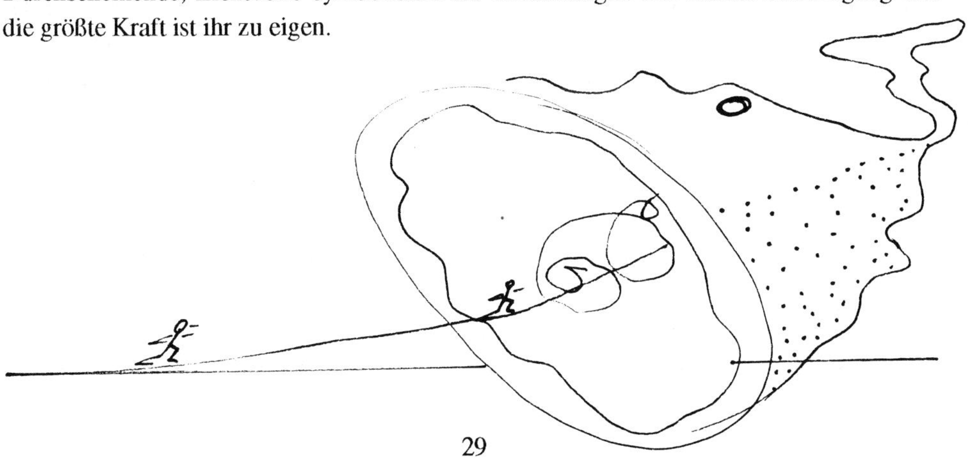

Mit dieser Kraft nun ausgestattet eilt der Prinz zum Zauberer, dessen dunkle Macht angesichts seiner strahlenden Erscheinung erlischt.

Nun wird die Hochzeit gefeiert, die mystische Hochzeit. Auf dem Schloß von der goldenen Sonne verbindet sich, was getrennt erschien, vereint sich das scheinbar Gegensätzliche, findet sich das Glück, verbinden sich animus und anima, tiefe Freude und unsagbares Lächeln ausstrahlend.

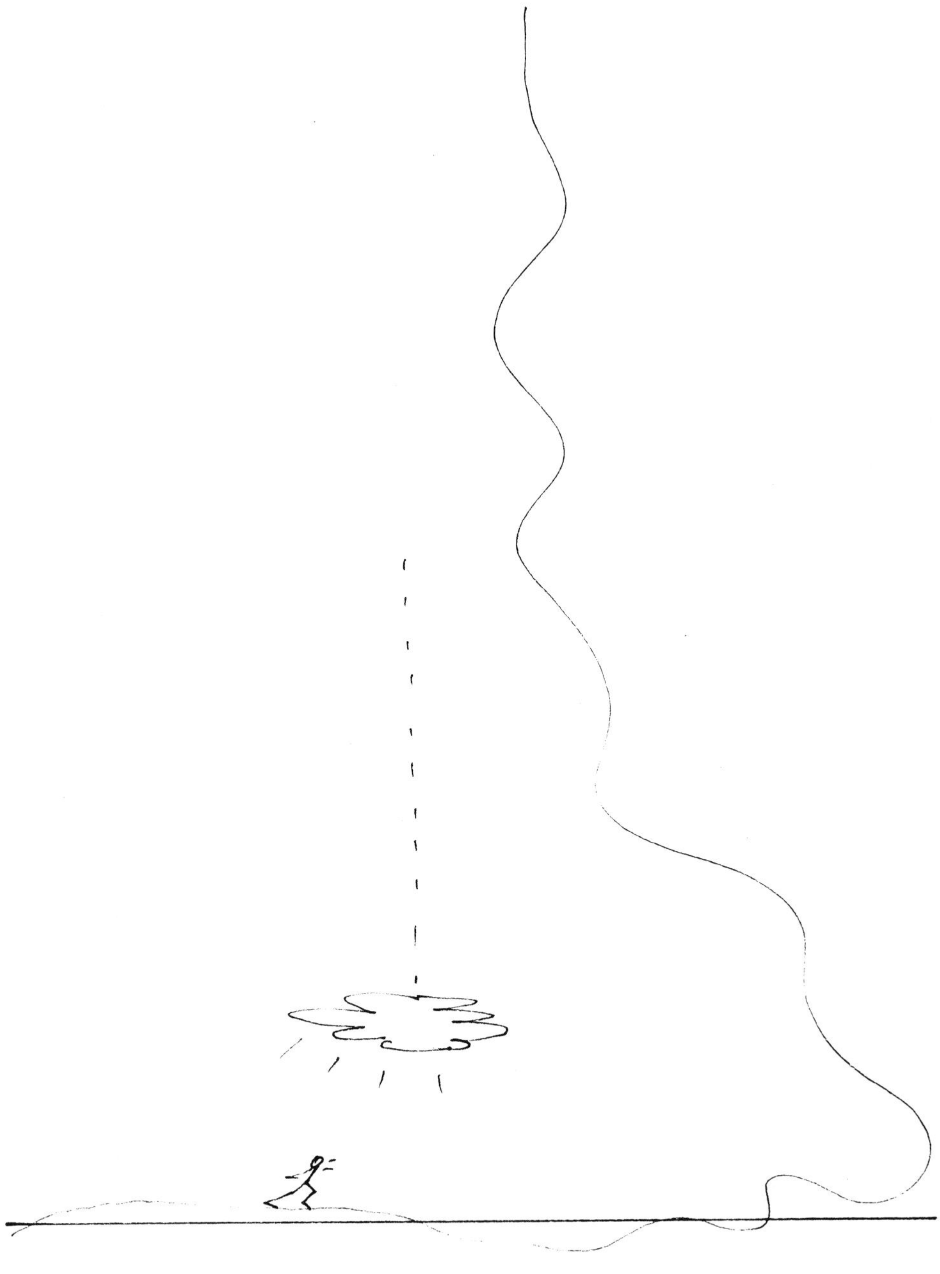

Für jeden tiefen Atemzug,
den ich machen darf,
bin ich dankbar.

TEIL I

LAUFBEGINN, RHYTHMISCHES DAUERLAUFEN UND GRUNDÜBUNGEN

ZUSAMMENFASSUNG IN STICHWORTEN

Atmungsintensive Ausdauer hilft in allen Lebensbereichen.
Sport und Bewegung sind voneinander verschieden.
Sinnvolle Bewegung macht Freude.
Nach-innen-Laufen ist genußvolles Laufen.
Phasen für Laufbeginner.
Zeitstrecken und Wiederholungen für den Beginner.
Tanzende Bewegungen und Freude an der Bewegung.
Orientierung an der Atmung ist sinnvoll.
Ausdauer, Kraft, tiefe Atmung.

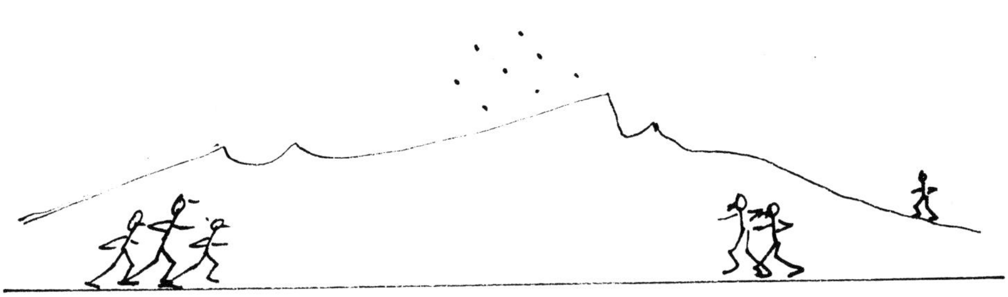

A. LAUFBEGINN »DAUERLAUFEN FÜR ANFÄNGER«

Ganz wichtig ist es für alle Tätigkeiten des Alltagslebens und in der Folge auch für das meditative Laufen genügend physische Ausdauer und Kraft zu entwickeln. Einer Bewegungsart mit tiefer, gleichmäßiger Atmung ist hier eindeutig der Vorzug zu geben. Überprüfen Sie selbst, wie Sie sich nach verschiedenen Bewegungsformen nachher, am nächsten Tag fühlen. Große Lehrmeister sind hierin Kinder. Sie sind in keiner Weise leistungsorientiert, aber bewegen sich aus Lebensfreude, lustvoll und nahezu unablässig. Um uns sinnvoll bewegen zu können, müssen wir die in uns eingetrichterten Vorstellungen vom Sport ablegen und zu einer für jeden anders sinn- und lustvollen Bewegung gelangen. Nach-innen-Laufen hat nichts mit Sport zu tun. Bewegung für sich tut gut.
Dauer und Intensität - hängen von der jeweiligen Kondition und Motivation des Einzelnen ab. Für Menschen mit ein wenig Kondition würde ich die untere Grenze bei zwei Stunden pro Woche ansetzen. Dauerlaufbeginner sollten jeden zweiten Tag langsam traben.

PHASE I (traben-gehen-traben-gehen...)

Trabphase: Man trabt ganz langsam los. Menschen, die sich sehr schwer mit ihren Beinen fortbewegen, können so langsam traben, daß sie dabei noch fast am Stand traben. Man trabt also ganz langsam los und läuft solange es einigermaßen bequem ist, aber ohne falsche Schonung. Das können individuell verschieden 200, 300 Meter oder 500 Meter sein oder mehr, bis man außer Atem ist oder merkt, daß man nicht mehr kann. Dabei ist auch die jeweilige Tagesverfassung zu berücksichtigen.
Gehphase: Dann legt man eine Gehphase ein. Man geht zügig atmend weiter bis die Atmung sich auf ein angenehmes Maß wiedereingependelt hat.
Trabphase: Haben sich Atmung und Puls wieder normalisiert, trabt man wieder langsam los - Gehphase - Trabphase - Gehphase und so weiter.

> KOMMENTAR

Gerade in der Aufbauphase ist es notwendig, einen Teil an Anstrengung bewußt auf sich

zu nehmen, aber die Anstrengung so auszubalancieren, daß man sich nicht demotiviert, sondern Freude und Stolz über das Geschaffte überwiegen.

Zeitdauer: Am Beginn trabt man 15 - 20 Minuten. Wem es leicht von der Hand geht, länger.

Häufigkeit: Wenn man am Beginn jeden zweiten Tag trabt-geht-trabt, kann sich der Körper mit einem Tag Zwischenpause reichlich erholen. Falls am zweiten Tag noch ein Muskelkater da sein sollte, wird dieser durch die Bewegung schneller als durch Nichtstun aufgelöst sein und verschwinden.

Geduldiges Aufbauen: Für manche ist es wichtig, nicht gleich den Zeitumfang steigern zu wollen, sondern über längere Zeit den zeitlichen Anfangsumfang zu halten, damit der Körper genug Zeit hat, sich muskulär aufzubauen und sich an die Ausdauerbewegung zu gewöhnen.

PHASE II (Ausdehnen der Trabphasen)

Hat sich der Körper an die Anfangsphase gewöhnt, dehnt man die Trabphase allmählich - seinen individuellen Möglichkeiten entsprechend - aus. Am Ende der wochenlangen Aufbauphase sollte man dann in einem Stück bequem 20 - 30 Minuten laufen können.

PHASE III (Ausdehnen des Zeitumfanges des Trabens)

In der letzten Phase dehnt man langsam den Zeitumfang des Trabens oder Laufens auf 35, 40 Minuten, eine volle Stunde aus. Das Ausdehnen der Zeitstrecke ist deshalb wichtig, da tiefe Stoffwechselprozesse erst nach 40 - 45 Minuten Dauerlauf zu greifen beginnen (DIETRICH Reinhold »Nach-innen-Laufen«).

PHASE IV (Einfache Übungen im Laufen)

Kann man 40 - 60 Minuten gut laufen, kann man mit zusätzlichen Laufübungen beginnen: Man konzentriert sich beispielsweise über die gesamte Laufstrecke auf das gute Aufsetzen

der gesamten Fußsohlen, oder man konzentriert sich nur auf das Aus- und Einatmen, man konzentriert sich darauf, daß man das Tempo so wählt, daß es dem eigenen Herzen behagt usw (DIETRICH Reinhold »Nach-innen-Laufen«).

B. RHYTHMISCHES DAUERLAUFEN

Optimaler Kreis-Lauf, laufende Stoffwechselanregung.

Rhythmisches, nicht druckvolles Dauerlaufen ist entspannend, erfrischend-reinigend, paradoxerweise anregend und ausgleichend. Die rhythmische Ausdauerbewegung hilft übermäßige Spannungen abzubauen, entfernt das Zuviel der Hormone, die durch unser Leben des »modernen Streß« aus der Rundumüberreizung heraus in unserem Organismus angehäuft werden. Durch die rhythmische, atmungsaktive Ausdauerbewegung in der Natur schafft man sich frische Kräfte und holt sich neuen Schwung und Elan für kommende Aktivitäten.

Das alte Prinzip der Mönche, die in ihren Säulengängen auf und ab oder rundumwandeln, findet sich in der Dauerlaufbewegung wieder.

C. TANZENDE BEWEGUNGEN UND ORIENTIERUNG AN DER ATMUNG

Von Beginn an ist es günstig, zwei Punkte im Auge zu behalten.

a. DIE TANZENDEN BEWEGUNGEN

Der eine Schwerpunkt betrifft die Art der Bewegung selbst. Viele Menschen betrachten das Laufen, die Bewegung unbewußt als etwas Mechanisches und rein Funktionales. Sie sind nicht unterwegs, sie denken nur daran, wie sie am schnellsten von A nach B kommen. Aber die alte Weisheit gilt immer wieder von Neuem: »Der Weg ist das Ziel«. Sieht man zum Beispiel Menschen aus dem schwarzen Erdteil oder Kindern zu, so fällt auf, daß deren Bewegungen tanzende Freude ausdrücken. Diese tanzende Bewegungsform sollte uns Vorbild sein, sie sollte man von Beginn an bewußt pflegen, sodaß man von Anfang an nicht in dieses »Gerase« und »Gehetze« verfällt. Ich räume ein, daß einem schnelles Laufen in bestimmten Lebens- und Entwicklungsabschnitten große Freude und Befriedigung verschaffen kann.

Hier jedoch, bei der kraftschöpfenden und entspannungschaffenden Ausdauerbewegung

helfen als Leitprinzip: bewußte, kleine, tanzende Bewegungen. Kurze, flüssige Schritte. Spielerische Fortbewegung. Laufen-wie-ein-Tanz.

b. DIE ORIENTIERUNG AN DER ATMUNG

Der zweite Punkt betrifft die Wahl des optimalen Ausdauertempos. Hier gilt für mich nur eine Orientierung: die Orientierung am Strömungsgefühl der Atmung! Das optimale Tempo kann man am leichtesten feststellen, wenn man auf seine Atmung hört. An der Atmung, nicht an den Schritten, spürt und hört man, ob man sich optimal bewegt.

D. HILFEN FÜR EIN SINNVOLLES LAUFEN

- Die meisten Menschen haben Schwierigkeiten vor dem Lostraben; einmal in Bewegung, verändern sich die ursprünglichen Widerstände meistens sofort zum Wohlgefühl. Gute Dinge kann man oft nur als Wissender tun. Hier im speziellen setzt man sein Wissen ein, daß der ursprüngliche Widerstand los zu laufen, sich gewiß nach drei, vier Minuten in Wohlbefinden, im Genuß des regelmäßigen Atmens auflöst.

- Langsam beginnen: am Beginn ist es günstig, bewußt langsam zu laufen bis der Körper warm wird und von sich aus seinen Rhythmus, sein Tempo findet und wählt.

- Am Beginn eines Laufes sind einfache Übungen angesagt. Man richtet die Aufmerksamkeit einige Zeit nur auf das gute Auftreten der Fußsohlen, auf die Vorstellung, mit jedem Schritt einen vollen Fußabdruck im Schnee, im Sand eines Strandes oder auf einem Lehmboden zu hinterlassen.

- Das Laufen in der Natur ist die beste Unterstützung.

- In einer abwechslungsreichen Gegend zu laufen, verhindert die Gefahr der Monotonie. Alleen und lange Gerade sind in der Regel nicht angenehm zu laufen.

- In einer Gegend laufen, die man liebt, schafft Motivation und Kraft aus sich selbst. Läuft man zu einem Platz, den man liebt, so zieht es einen von selbst hin.

- Wer auf seine Atmung und sein Herz hört, statt auf seine Vorstellungen und rationalen Konzepte, findet den rechten Rhythmus.

- Fixe Zeitstrukturen sind große Hilfen, spontane Entscheidungen sind kraftaufwendig. Die Zeitstrukturen für die Bewegung sollten als Minimalstrukturen geplant werden. Zum Beispiel: auf jeden Fall am Montag, Mittwoch und Freitag von 18 bis 19 Uhr laufen.

- Alleine oder miteinander laufen: für manche ist es leichter alleine zu laufen, für andere leichter miteinander; günstig ist das Bilden von Laufgemeinschaften und

Lauffreundschaften. Ich entsinne mich, wie ein Marathonläufer zu Tränen gerührt war, als er zum ersten Mal erlebte, daß es möglich ist, genußvoll miteinander zu laufen.

- Durchlaufe die Jahreszeiten bewußt und passe die Kleidung dem Wetter an; jede Jahreszeit ist eine gute. Den Schnupfen holen sich die, die zu Hause hinter dem Ofen sitzen.

- Das Kriterium des optimalen Tempos, das täglich verschieden ist, ist der Genuß, die Freude, die Lust und das Wohlbefinden.

- Es gibt keine bessere Ausrede als die Ausrede. Die Ausredenliste, etwas Gutes nicht zu tun, ist endlos: der Genuß und die Freude, die durch die Bewegung entstehen, sind zeitlos.

- Und wieder: es ist zutiefst sinnvoll, mit dem Guten zu beginnen, wenn es einem gut geht und nicht damit zu warten, bis es einem schlecht geht!

- Wenn alle Gelenke sprichwörtlich zugleich in Bewegung sind, dann läuft man wirklich, dann erst läuft man insgesamt. Alle Gelenke des Körpers innerlich durchgehen und prüfen, ob man sie gut bewegt, laufen läßt; zuerst einzeln von unten nach oben, dann alle zusammen.

- Nach-innen-Laufen bedeutet immer wieder so laufen, daß man endlich selbst bewegt wird; sich so bewegen, daß man bewegt wird: ungewohnte Herausforderung!

- Es ist günstig, zu schönen Plätzen zu laufen, dorthin zu laufen, wo man gerne hinläuft, wo es einen fast von selbst hinzieht.

- Nach-innen-Laufen bedeutet, sich immer wieder von Neuem bewußt allein und miteinander und in der Landschaft zu bewegen.

- Wer die Schönheit der Natur betrachtet, betrachtet gleichsam wie in einem Spiegel die Schönheit der inneren Wesensnatur.

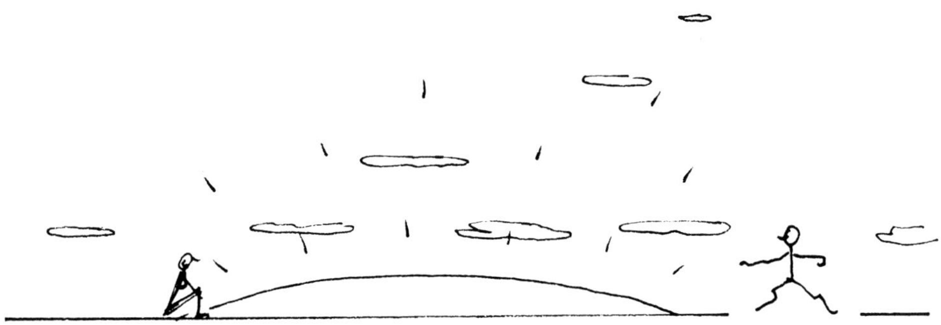

- Ausdauernde Bewegung und Atmung hilft nebenbei Probleme und belastende Aufgaben zu lösen.

- Laufen ist sinn-volles Laufen: Wer seine Sinne nach innen und nach außen intensiv einsetzt, läuft sinn-voll und kann dann sagen »Mein Leben ist sinn-voll«; Oberflächensensibilität - Tiefensensibilität.

- Das Laufen ist eine gute Möglichkeit zur Besinnung und aktiven Entspannung. Das Leben ist eine andauernde Möglichkeit zu wachsen.

- Wenn ich mich am Ende eines Laufes nicht auf den nächsten freue, hat irgendetwas nicht gestimmt. Die Lust am Laufen sollte durchgehend bestehen bleiben. Allerdings gibt es auch Tage im Jahr - diese sind aber die große Ausnahme - wo mich das Laufen überhaupt nicht freut und ich nach zehn Minuten mit hängendem Kopf heimtrabe.

- »Laufe immer so, als ob es der letzte Lauf Deines Lebens wäre«. Solches zu tun bedeutet, wirklich ins Leben zu erwachen und aufzuhören, mit offenen Augen, ohne es zu wissen, zu schlafen.

- Langsam den Lauf beginnen, Temposteigerungen eher dem Ende des Laufes zu. So verhindert man einen demotivierenden Einbruch in der Mitte der Laufsequenz, wo man sich dann mühsam heimschleppen muß.

- Günstig ist das Wechseln der Laufstrecken. Die Abwechslung der Laufstrecken bringt von selbst neuen Schwung.

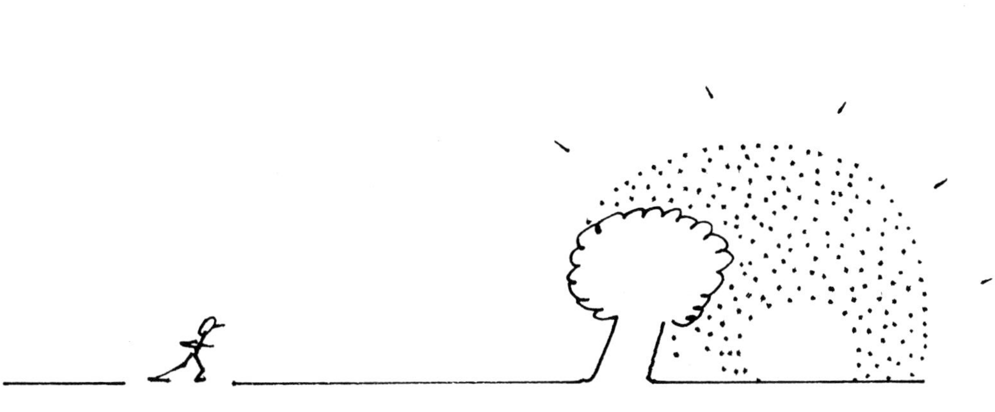

GRUND - ÜBUNGEN

Die Grundlage des Meditativen
ist liebevolle Achtsamkeit.

> EINLEITUNG

Eine Fülle von Grundübungen sind auch im ersten Laufbuch »Nach-innen-Laufen« beschrieben worden (DIETRICH Reinhold; siehe Literaturverzeichnis)

Hier wird eine Serie von Grundübungen angeboten, um nochmals mit Nachdruck auf den körperbezogenen Aspekt des Laufens hinzuweisen. Es ist vom Ablauf her sinnvoll, den Lauf mit Grundübungen zu beginnen, bevor man zu den eigentlich meditativen Übungen übergeht. Konzentriert man sich auf die Atmung, den Atemkörper und die Wahrnehmung des Körpers im Laufen, so befindet man sich genau am Übergang zwischen alltäglichem Bewußtsein und meditativem Reich.

Die einfachen Grundübungen bleiben, auch wenn man zu spezifisch meditativen Übungen greift, bedeutsam. In der Regel wird man nicht in jedem Lauf die Kraft haben, sehr intensive Übungen zu machen. So kehrt man immer wieder zu den einfachen Grundübungen und Bewegungsformen zurück, oder läßt in der Schönheit der Natur die Seele baumeln. Auch in diesen einfachen Grundübungen zeigt sich genau besehen schon der besinnlich-meditative Charakter.

Wenn eine der Grundübungen oder auch eine der meditativen Übungen innerlich nicht greift, sollte man andere Übungen ausprobieren und zu einem anderen Zeitpunkt auf die Übung zurückkommen, die nicht sofort gegriffen hat. Man spürt mit der Zeit, welche Übung an welchem Tag optimal ist.

Jeden Lauf wie einen Ritus und ein Opfer
für das ewig Schöne und lebendig Wahre auffassen und begreifen.

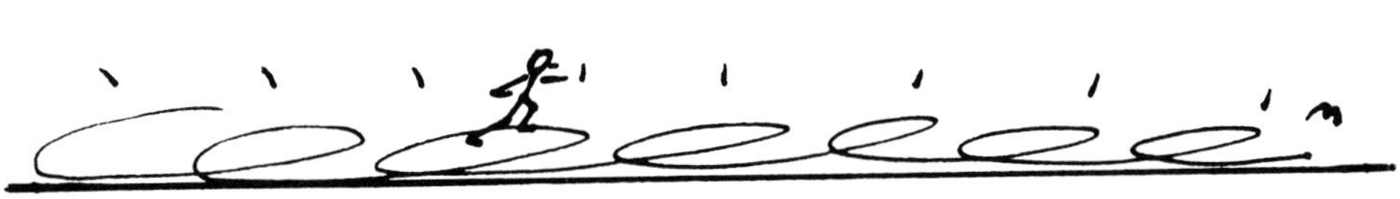

1. BEWEGUNG: »GRUNDÜBUNG DER GRUNDÜBUNG«

Bewußte Bewegung schafft Bewegtheit.

A. EIN LEBEN LANG IN BEWEGUNG SEIN

Die Grundübung schlechthin ist die atmungsintensive Ausdauerbewegung für Jung und Alt selbst. Jede Form von Bewegung, und besonders von Ausdauerbewegung ist als Grundübung anzusehen: Dauerlaufen, Langlaufen, Radfahren, Schwimmen, bewegungsaktives Tennis, bewegungsintensive Gymnastik; jede Form von Ballspielen, wo man in Bewegung ist, atmet und schwitzt; zügiges atmungsvertiefendes Berggehen usw.

B. BESCHREIBUNG DER KÖRPERHALTUNG IM LAUFEN

Man läuft aufrecht,
setzt die Fußsohlen fest, aber weich auf,
läuft mit kurzen, flüssigen Schritten,
hält den Schwerpunkt tief und verteilt das Gewicht um einen gedachten horizontalen Mittelpunkt,
achtet auf einen angenehmen Rhythmus,
läuft locker und mit tanzenden Bewegungen, und konzentriert sich dabei zugleich auf den Atemstrom, Inneres und Äußeres einbegreifend.

> KOMMENTAR

Neulich las ich, daß sogar wissenschaftlich nachgewiesen wurde, was der Hausverstand

längst weiß, daß bei einer Gruppe alter Menschen, die sich mit Laufen beschäftigte, die Osteoporose (altersbedingter Knochenabbau und Knochenerweichung) im Vergleich zur Kontrollgruppe signifikant geringer oder zurückgegangen war. Um sich wohl zu fühlen und um die wichtigen Lebens- und Stoffwechselfunktionen des Körpers in Gang und in Schuß zu halten, ist es sinnvoll, sich in jedem Lebensabschnitt genügend und regelmäßig zu bewegen. Die Bewegung und Atmung wirkt sich auch wesentlich auf das Lebensgefühl aus.

2. ÜBUNG »DER LAUF DER FREUDE«

Der Flügel der Lebensfreude trägt uns noch höher als der der Lebenslust.

a. Man läuft so, daß man spielerisch mit Bewegungen im Laufen experimentiert, die einem das Gefühl der Freude vermitteln.
b. Man läßt jene Bewegungen zu, die der Lebensfreude Ausdruck verleihen, die in einem das Gefühl der Freude entfachen.

> KOMMENTAR

Gerade das Laufen ist in vielen unserer Köpfe sofort mit Leistung verbunden. Wiederum Kinder beobachtend, ist Laufen das Selbstverständlichste und Nebensächlichste der Welt. Diesen Ausdruck der »kindlichen« Freude an der Bewegung suchend und vollziehend, ist ein Weg den Leistungsbereich hinter sich zu lassen und in der Bewegung als solcher die Lebenslust zu entdecken, durch sie Lebensfreude zu entfachen und wiederzugewinnen.

Verschiedene indianische Stämme im brasilianischen Urwald kennen in ihrem Sprachgebrauch kein Wort für »Arbeit«. Auch Kinder kennen den Begriff der Arbeit nicht und sind dennoch den ganzen Tag lang in intensivster Weise interessiert und äußerst tätig. Über diese Gegebenheit lange nachzudenken, lohnt sich.

3. ÜBUNG »ATMUNGSAKTIVES LAUFEN«

Jeder Atemzug ist ein Geschenk.

Man macht sich wieder und wieder bewußt,
daß man nicht atmet,
sondern von etwas »Großem« geatmet wird.

a. Man läuft ein gemächliches, mittleres Tempo.
b. Ohne das mittlere Tempo zu verschärfen, atmet man aktiv stark und lange aus.
Man treibt den Atem in der Ausatmungphase länger als sonst hinaus, ohne dabei mit dem Tempo schneller zu werden.
c. Im Einatmen läßt man die Luft von selbst hineinströmen.
d. Man achtet darauf, daß man in eine Bewegung der Freude kommt.

> KOMMENTAR

Diese Art zu laufen eignet sich für einen Erholungslauf oder für einen Reinigungslauf. Ist man in einer Woche schon viel gelaufen, oder hat man schwer gearbeitet und ist physisch müde, dann tut einem ein mittlerer Trab als aktive und sinnvolle Erholungsphase sehr gut. Ohne das Tempo zu erhöhen, erhöht man die Sauerstoffaufnahme durch das kräftige und vertiefte Ausatmen und in der Folge durch das vertiefte Atemschöpfen. Dadurch wird die Sauerstoffzufuhr erheblich gesteigert, giftige Ateminhalte werden verstärkt abgeatmet, was zur Erfrischung und raschen Regeneration führt.

4. ÜBUNG »LAUFE SO, DASS DU BEWEGT WIRST«

Bewegung, Bewußtheit und Bewegtheit
sind Eckpfeiler des Lebendigen.

> Man läuft so, daß man bewegt wird;
> bewegt durch die Art der Bewegung,
> bewegt durch den intensiven Kontakt mit der Natur,
> bewegt durch die Freude, an der man entlang läuft,
> bewegt durch den frischen Eindruck der lichtvollen Farben,
> bewegt durch das Teilen der Freude mit Lauffreunden,
> bewegt durch...

> KOMMENTAR

Leistung allein macht stumpf. Leistung als Hauptziel und Selbstzweck bewirkt, daß man über die Oberfläche der Erscheinungen bald nicht mehr hinausblickt, obwohl es bei so viel Aktivität scheint, als ob man äußerst intensiv unterwegs wäre und lebte. Lebendigkeit wird wesentlich durch Möglichkeiten der Bewegtheit definiert und nicht primär durch Leistungsparameter.

Ein lebendiger Mensch ist im allgemeinen bewegungsfähig, beweglich, ist in Bewegung und kann bewegt werden, wird bewegt.

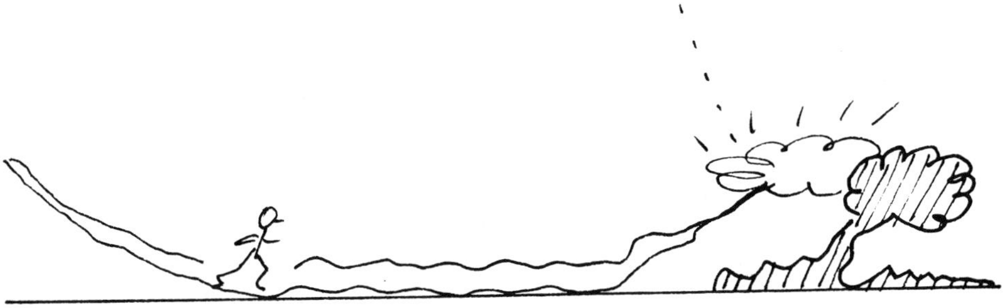

5. ERDUNGS-ÜBUNGS-SEQUENZ

Alles hängt davon ab,
in wessen Fußstapfen man tritt.

ÜBUNG »BEWUSSTES AUFSETZEN DER FUSSOHLEN«

a. Man konzentriert sich zuerst nur auf eine Fußsohle und den Boden. Man spürt sehr bewußt, wie die Fußsohle auf der Erde aufsetzt. Man setzt die ganze Fußsohle, von Zehen bis Fersen, gleichmäßig auf. Man konzentriert sich ausschließlich auf dieses gleichmäßige Aufsetzen, auf den Druck der Fußsohle und den festen Halt der Erde.

b. Eine zusätzliche Hilfe besteht darin, daß man sich vorstellt, die Luft durch die Fußsohlen aus dem Boden in den Körper einzuatmen und die Luft durch die Fußsohlen in den Boden wieder auszuatmen.

Es ist günstig, jede Laufübungssequenz mit Erdungsübungen zu beginnen.

> KOMMENTAR

Das bewußte und andauernde Plazieren des Atems, hier zum Beispiel auf die Fußsohle, ist im Grunde schon ein stark meditatives Element. Durch das Plazieren des Atems entstehen intensive Sammlung und Entspannung.

Wirkliche Sammlung ist höchste Entspannung. Viele verwechseln sinnlich-besinnliche Sammlung mit rationaler Anspannung.

ÜBUNG »FUSSABDRÜCKE IM LEHMBODEN«

Man stellt sich vor, auf einem festen Lehmboden zu laufen. Bei jedem Aufsetzen der Fußsohlen stanzt man seinen Fußabdruck gleichmäßig in diesen zähfesten Lehmboden oder in den feuchten Sand des Strandes wie Robinsoe Crusoe am Strand seiner wunderbaren Insel.

ÜBUNG »KONZENTRATION AUF DEN RHYTHMUS«

a. Man konzentriert sich ausschließlich auf den Rhythmus, der durch das gleichmäßige Aufsetzen der Fußsohlen entsteht und atmet sich mehr und mehr in diesen Rhythmus hinein.
b. Man läuft rhythmisch mit den oben beschriebenen tanzenden Bewegungen.
c. Man schafft als nächsten Schritt eine Verbindung zum Universellen. Man erinnert sich, während man sich auf das rhythmische Schlagen der eigenen Schritte konzentriert, daß es der Rhythmus des Universums ist, der hier zu hören ist.

ÜBUNG »FUSSOHLEN WIE EIN SPIELENDES KIND«

Man stellt sich vor, ein spielendes Kind zu sein und bewegt dementsprechend seine Füße, setzt die Fußsohlen der Vorstellung folgend auf den Boden auf. Man läßt dieses spielerisch-genußvolle Aufsetzen der Füße in einem selbst wiedererstehen.

ÜBUNG »AUFSETZEN WIE EIN TIGER«

Man identifiziert sich mit einem Tiger oder einer Tigerin und setzt die Fußsohlen weich, aber kraftvoll, auf. Durch dieses Bild des spezifischen Aufsetzens der Tatzen eines Tigers wird sich eine ganz spezifische Bewegungsart und ein dazugehöriges Körpergefühl entwickeln. Es ist eine Kombination und Synthese des Geschmeidig-Weichen mit dem Kraftvollen.

ÜBUNG »FUSSOHLEN WIE EIN KRIEGER«

Man stellt sich vor, ein laufender Krieger, eine Amazone aus alter Zeit zu sein und setzt die Fußsohlen auf wie ein Krieger. Bei diesem Bild bleiben und die Bewegungen sich entwickeln lassen.

ÜBUNG »LIEBEVOLLES BERÜHREN DES BODENS«

Man setzt die Fußsohlen sehr weich und liebevoll auf den Boden, so als ob man sehr viel von der Erde durch die Haut der Fußsohlen spüren könnte. Man berührt die Erde so behutsam und liebevoll wie etwas, das einem sehr wertvoll ist.

> KOMMENTAR

Das Fühlungsvermögen in Handflächen und Fußsohlen ist für die Qualität und Intensität des Kontaktes im Leben von entscheidender Bedeutung. Mit dieser Übung aktiviert man dieses sinnstiftende Sensorium.

ÜBUNG »IN DIE FUSSTAPFEN EINES WEISEN MENSCHEN TRETEN«

a. Hier stellt man sich vor, in die Fußstapfen eines weisen Mannes oder einer weisen Frau zu treten. Man stellt sich vor, wie diese wohl ihre Füße aufsetzen oder aufgesetzt haben und setzt seine Füße genauso auf.
b. Weiters kann man sich die Fußabdrücke von Shiva oder Vishnu wirklich vorstellen und in deren Fußstapfen visionierend hineinlaufen (siehe Anmerkung im folgenden Kommentar).

> KOMMENTAR

Im Tantra gibt es Darstellungen der Fußspuren Shivas oder Vishnus.
(TANTRA S 41; MOKERJEE Ajit, S 71; siehe Literaturverzeichnis)

> ZIEL DER GESAMTEN ÜBUNGSSEQUENZ 5.1. bis 5.8.

Der Kontakt zum Boden ist wesentlich. Durch die einfache Beschäftigung mit Fußsohlen und Boden übt man das »In-der-Welt-Sein«, die Bewegung nach »unten« und bewegt sich in Richtung aktiver Entspannung.

6. GRUNDLEGENDE ÜBUNGSSEQUENZ
(den Körper von »unten« nach »oben« durcharbeiten)

ÜBUNG »KONZENTRATION AUF ATMUNG UND KÖRPER«

a. Man konzentriert sich vorerst ausschließlich auf die Atmung, auf die Einatmung, auf die Ausatmung. Während der Einatmung und während der Ausatmung beobachtet man den Atemvorgang und den Atemkörper (Dauer: einige Minuten oder den ganzen Lauf lang).

b. Dann konzentriert man sich auf die Atmung und auf den Körper insgesamt. Man bringt Einatmung und die Beobachtung des Körpers zusammen.

Man bringt die Ausatmung und Beobachtung des Körpers zusammen. Man nimmt alles gelassen wahr, was im Atemvorgang und im Körperlichen vor sich geht.

> KOMMENTAR

Die Wahrnehmung des Atemvorganges bewirkt nach einiger Zeit Prozesse des Ausgleichs, der Entspannung, des Friedlich- und Ruhigwerdens. Die Konzentration auf das Gegenwärtige vermag Lebensfreude und Lebendigkeit zu wecken. Ebenso geschieht dies durch die aufmerksame und anhaltende Beobachtung der Inhalte auf der Körperebene.

ÜBUNG »KONZENTRATION AUF EINE FUSSOHLE«

a. Man konzentriert sich im Laufen ausschließlich auf seine Fußsohlen. Man kann sich noch leichter darauf konzentrieren, wenn man sich auf eine der beiden Fussohlen konzentriert.
b. Man achtet darauf, daß man die Fußsohle gut und bewußt aufsetzt.
c. Man bemerkt bewußt die Unterschiede der Bodenverhältnisse, wie sie sich im Gefühl und Erleben unterschiedlich niederschlagen.

ÜBUNG »PARALLELE FÜSSE«

Man konzentriert sich darauf, beide Füße einigermaßen parallel zueinander aufzusetzen.

ÜBUNG »AUFSETZEN DER FUSSOHLEN«

Man setzt die ganze Fußsohle gleichmäßig von Fußspitze bis Ferse auf (dies gilt nur für das Traben, den Ausdauerlauf).

ÜBUNG »KNIESTELLUNG«

Man achtet eine Zeit lang darauf, daß man die Knie nicht zusammendrückt, daß die Knie zirka zehn Zentimeter, oder zumindest ein paar Zentimeter, voneinander Abstand haben.

ÜBUNG »SCHENKELSTELLUNG«

Man achtet darauf - soweit anatomisch möglich - , daß man die Schenkel nicht aneinander wetzt, daß zwischen den Schenkeln einiger Platz während der Bewegung bleibt, sodaß der Beckenboden sich entspannen kann.

ÜBUNG »BECKENBEWEGUNG«

Als nächstes konzentriert man sich auf sein Becken. Bemerkt man, daß man es festhält, läßt man es sich mitbewegen, nimmt es in die Gesamtbewegung mit hinein.

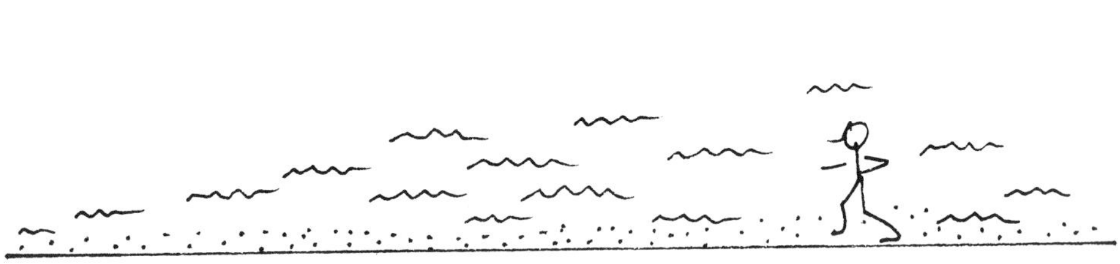

ÜBUNG »GESÄSS FALLENLASSEN«

Wer das Gesäß verkrampft, kann es bewußt entspannen.
In der Ausatmungsphase läßt man jedes Mal die Gesäßmuskeln bewußt aus, läßt sie ein Stück fallen.

ÜBUNG »OBERKÖRPER AUFRECHT HALTEN«

Man kontrolliert die Lage des Oberkörpers, richtet ihn in der Vertikalen aus und nimmt, ohne sich in irgendeiner Form zu versteifen, oder die Bewegung dadurch einzuschränken, eine aufrechte Position ein.

ÜBUNG »LENDENATMUNG AKTIVIEREN«

Sich auf die Lenden konzentrierend, füllt und leert man den Lendenbereich, beobachtet man, wie sich die Lendengegend füllt und ausatmend leert.

> KOMMENTAR

Im Laufen kann man sich nicht gut auf das Füllen und Leeren des Bauches, auf die Bauch-Zwerchfellatmung konzentrieren. Auf der Körperrückseite, in der Lendengegend, ist die Atembewegung jedoch ganz leicht zu spüren und zu beobachten.

ÜBUNG »BRUST WEICH MACHEN«

Man überprüft, ob man den Brustbereich festhält oder ob er trotz der Muskulatur weich ist. Man läßt den Brustkorb in der Brustmitte in jeder Ausatmung ein Stück zusammenfallen.

ÜBUNG »SCHULTERBEWEGUNG«

a. Wer dazu neigt, die Schultern hochzuziehen, läßt diese immer wieder während des Laufens bewußt korrigierend fallen.

b. Weiters beobachtet man im Augenwinkel, ob sich die Schultern vor- und zurückbewegen, damit der Rumpf - sich um die Wirbelsäule drehend - unbehindert schwingen kann.

ÜBUNG »KINN LOCKER LASSEN«

Man läßt das Kinn ganz locker hängen und läßt den Atem möglichst widerstandslos aus- und einströmen (ohne mit den Lippen oder Zähnen den Luftstrom zu behindern).

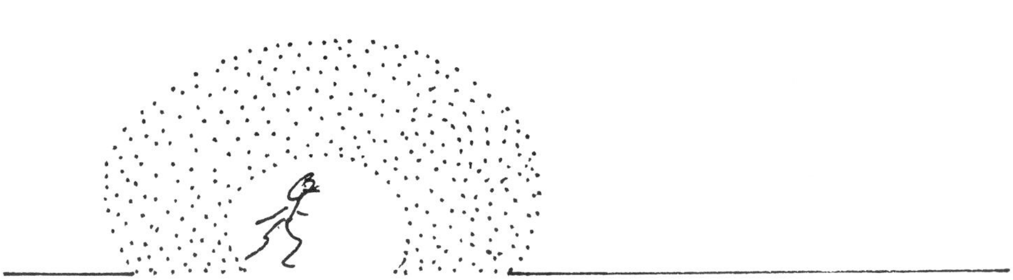

ÜBUNG »GESICHTSMUSKULATUR ENTSPANNEN«

a. Man läßt die Gesichtsmuskulatur locker und läßt die Gesichtsmuskeln sich in der Laufbewegung leicht dazubewegen.

b. Ist man allein unterwegs, schneidet man einige wilde Grimassen, sodaß die Ausdrucksmöglichkeiten des Gesichts genutzt werden. Das ist oft befreiend und entspannend.

ÜBUNG »BEWEGUNGEN VON NACKEN UND KOPF«

Man überprüft, ob man den Nacken locker läßt, oder, ob man den Hals versteift. Man läßt die kleinen Kopfbewegungen, die durch die Laufbewegung entstehen, zu. Als letztes läßt man die kleinen Kopfbewegungen dazukommen, die oft unterdrückt werden durch das Versteifen des Nacken und Halses.

ÜBUNG »ATMUNG BEWUSST MACHEN«

Man überprüft, ob die Atmung optimal fließt. Wichtig ist, daß man sich nicht innerlich antreibt, daß der Atem tief und gleichmäßig strömt, so daß man sich wohl fühlt und sich nicht durch Leistungsdruck in seiner Emotion und Wahrnehmung verengt oder in Not ist. Man kehrt wieder zur Übung 6.1. zurück.

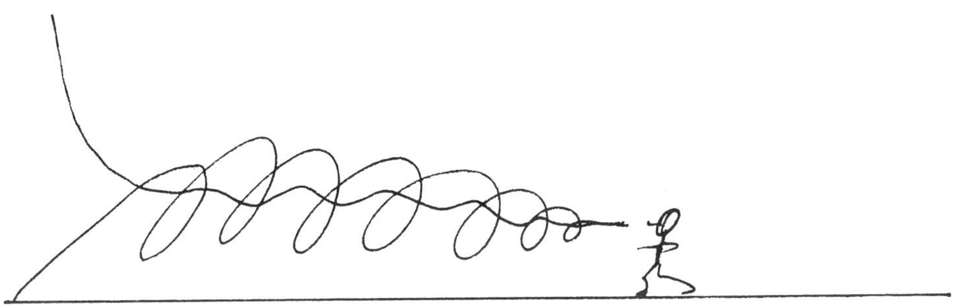

> ZIEL DER GESAMTEN ÜBUNGSSEQUENZ 6.1. bis 6.16.

Mit dieser Grundübungssequenz arbeitet man den Körper von »unten« nach »oben« bioenergetisch durch. Durch das Durchchecken des Körpers in der Bewegung wird der Energiefluß insgesamt gefördert und optimiert.

7. ÜBUNGEN ZUM THEMA »AUSLASSEN UND LEERMACHEN«

Wahre Schönheit ist das Ziel des Lebens.

ÜBUNG »AUSATMEN UND AUSLASSEN«

Am Ende der Ausatmungsphase läßt man kurz körperlich aus; dabei geht der Körper kurz, eine Idee lang, etwas hinunter - man läßt sich kurz etwas zusammenfallen, läßt einen Moment in der Bewegung aus - und das Becken kommt etwas nach vorne.

ÜBUNG »AUSLASSEN UND LEERMACHEN«

a. Man atmet länger aus als sonst mit dem Bild, daß man sich leer macht, leer wird. Man konzentriert sich auf das Leerwerden, atmet alles Alte, Belastende, Schlechte aus, hinaus (Reinigung).
b. Nach der Reinigung kann man sich vorstellen, daß man in der Ausatmungsphase alles in einem in die »Große Leere«, die man sich vorstellt, hineinatmet.

> KOMMENTAR

Die meisten Menschen sind übervoll von Eindrücken, und vor allem von Gedanken über-

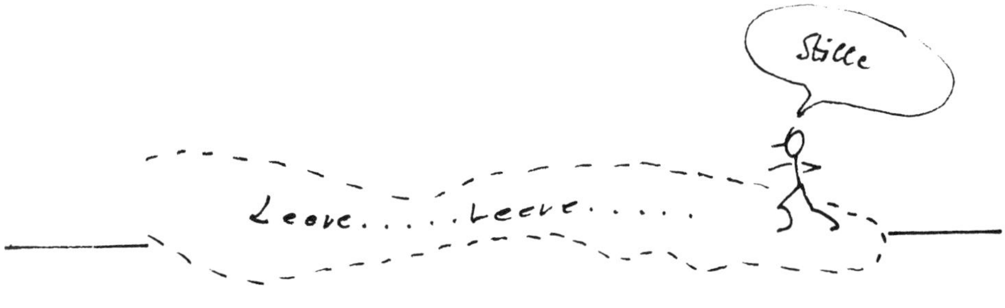

füllt. Zur Entspannung sind diese beiden Bewegungsrichtungen »Auslassen und Leermachen« wesentlich.

Über die einfache Vorstellung der Leere hinausgehend hat die Konzentration auf die »Große Leere« in der Meditation einen fundamentalen Stellenwert. Die »Große Leere« ist eine der machtvollsten und umfassendsten Wesenheiten, in die einzutauchen sich schon viele übten, in die gänzlich einzutauchen nicht jedem gegeben ist.

Tod und Leben sind sehr nahe beieinander, eigentlich sind sie ein und dasselbe und noch eigentlicher gibt es sie gar nicht. Unsere Vorstellung von ihnen, lassen die beiden erscheinen, aber nicht mehr. Manche sagen »Du stirbst nicht, bis Du lebst und Du lebst nicht wirklich, bis Du stirbst.« Mulla Nasrudin jedoch hat in der folgenden Geschichte einen Esel, den er mit »Nichts«, mit »Leere« füttert und siehe da, was passiert?

ICH HÄTTE MEHR ZEIT GEBRAUCHT

Der Mulla Nasrudin kaufte einen Esel. Jemand sagte ihm, er müsse ihm täglich soundsoviel Futter geben. Das erschien ihm aber zuviel. Er wollte, so entschied er, den Esel an weniger Futter gewöhnen. Darum verringerte er täglich die Futtermenge.

Als der Esel schließlich so gut wie gar kein Futter mehr bekam, fiel er um und war tot.

»Schade«, sagte der Mulla, »ich hätte nur noch ein wenig mehr Zeit gebraucht, um ihn daran zu gewöhnen, von gar nichts zu leben.« (SHAH Idries <d> S 110)

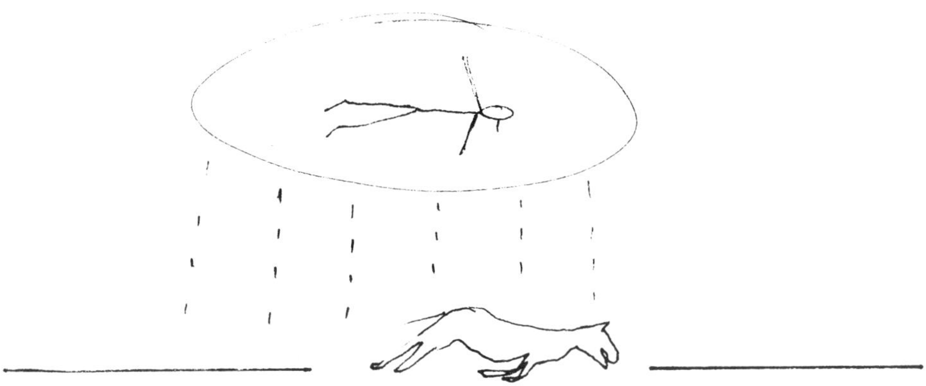

8. ÜBUNG »DURCHLÄSSIG MACHENDE ATMUNG«

Daß Objekt und Subjekt sich verbindet,
ist eine Frage der Hingabe und Durchlässigkeit.

a. Man stellt sich vor, den Atem durch das Becken und den Beckenboden so aus- und einzuatmen, daß diese durchblutet und durchlässig werden (einige Minuten).
b. Dann stellt man sich vor, so durch die Brust aus- und einzuatmen, daß sie weich und durchlässig wird (einige Minuten).
c. Zuletzt stellt man sich vor, die Luft durch die Schädeldecke in den Körper und aus dem Körper durch die Schädeldecke so hinauszuatmen, daß Rumpf und Kopf durchströmt und durchlässig werden (einige Minuten).

> KOMMENTAR

Indem man den Atem auf spezifische Körperbereiche lenkt (Plazierung des Atems) werden dieselben durchblutet, aktiviert und energetisiert. Wenn man sich ruhig liegend, zum Beispiel, über längere Zeit auf die Hände konzentriert, wird man nach einer gewissen Zeit bemerken, daß sie warm werden oder warm geworden sind.

Mein Freund Waldemar erzählte mir eindrucksvoll, daß er trotz großer Kälte in der verschneiten Winterlandschaft sehr warme Hände bekommt, wenn er im Freien auf der Staffelei malt.

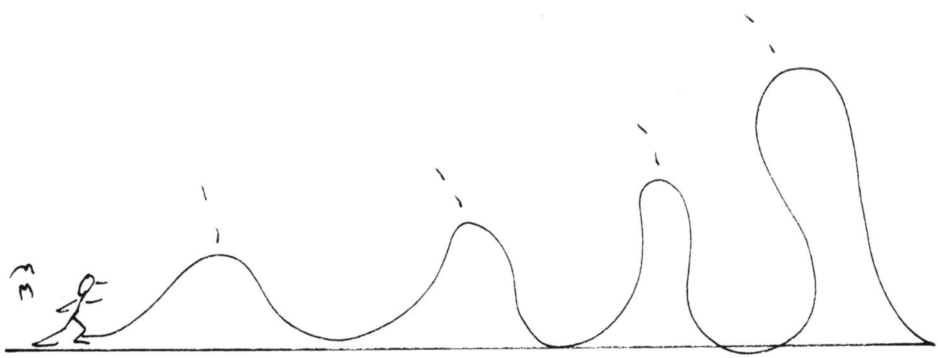

9. ÜBUNG »INSGESAMT LAUFEN: ALLE GELENKE BEWEGEN«

Manche machen ein paar Übungen,
anstatt daß sie richtig leben.

9.1. Übung »FUSS- UND SPRUNGGELENKE BEWEGEN«

Mit den Füßen, dem Fundament des körperlichen Seins beginnend, achtet man darauf, daß der Fuß sich abrollt, Zehengelenke und Sprunggelenke in andauernder Bewegung gehalten werden. Günstig ist, sich vorerst nur auf einen Fuß zu konzentrieren.

9.2. Übung »HÜFTGELENKE BEWEGEN«

Als nächstes nimmt man die Hüftgelenke dazu. Während die Hüftgelenke in Bewegung sind, schwingt das Becken leicht vorwärts und rückwärts (dies ist für die meisten sehr schwer, weil das Becken häufig unbeweglich gehalten wird).

9.3. Übung »GELENKE DER WIRBELSÄULE DREHEN«

a. Dann schaut man aus dem Augenwinkel, ob man die Schultern im Laufen leicht vor- und zurückbewegt (siehe Übung 6.12.).
b. Zugleich bemerkt man, wie sich die Wirbelsäule synchron zur Schulterbewegung um ihre eigene Achse dreht.

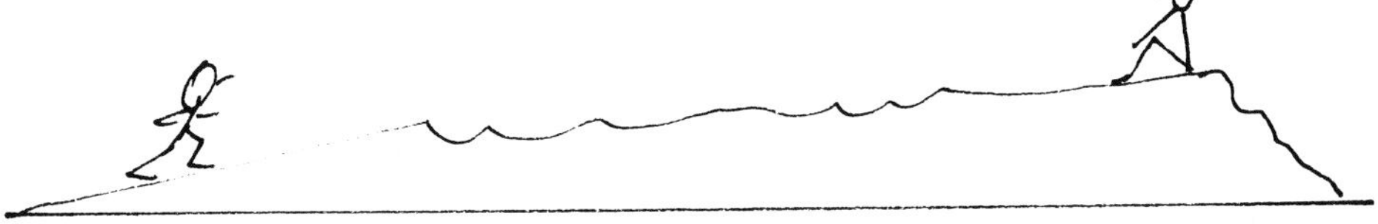

9.4. Übung »SCHULTER- UND HANDGELENKE BEWEGEN«

Dann achtet man darauf, daß die Schultergelenke in Bewegung sind und vor allem die Handgelenke locker und beweglich in der Laufbewegung mitpendeln. Man hält die Handgelenke nicht steif, da sonst verschiedenste Körperabschnitte steif gehalten werden.

9.5. Übung »KIEFERGELENKE LOCKER LASSEN«

Als nächstes kontrolliert man, ob der Kiefer locker ist und hängt.

9.6. Übung »GELENKE DER HALSWIRBELSÄULE BEWEGEN

Als letztes läßt man die kleinen Kopfbewegungen dazu kommen, die oft unterdrückt werden durch das unbewußte Versteifen von Hals und Nacken (siehe auch Übung Nr. 6.15.).

9.7. Übung »INSGESAMT LAUFEN: «ALLE GELENKE BEWEGEN«

Als letztes konzentriert man sich auf das synchrone Laufenlassen aller Gelenke, auf eine synchrone und harmonische Bewegung des ganzen Körpers. Laufen alle Gelenke gleichmäßig und synchron, dann läuft man insgesamt. Ein wunderbares Gefühl!

> KOMMENTAR UND ZIEL

Unsere Gelenke sind genauer besehen gelenkige Verbindungen mit Betonung auf »Verbindungen«. Die Beweglichkeit und das Bewegen aller Gelenke ist von großer Wichtigkeit für die Lebendigkeit des Körpers und mittelbar auch für die Lebendigkeit des jeweiligen Menschen.

Die Gelenke sind Übergänge, Brücken, über die die Lebensenergie fließt. Die Durchlässigkeit und Offenheit der gelenkigen Körperverbindungen ermöglicht erst das basale, pulsie-

rende Schwingen der Energie zwischen dem innersten und dem äußersten Punkt des Seins.

Eines Tages entdeckte ich bei einem meiner wöchentlichen Läufe: Man läuft erst wirklich, wenn man alle Gelenke zugleich laufen läßt und in Bewegung hält. Das ist das Ziel dieser Übung.

TIP: Häufig achte ich nur auf das lockere Bewegen der Handgelenke und die Lockerheit des Kiefers. Dies reicht oft schon, um viele, unbewußt steifgehaltene Körperbereiche in Bewegung kommen zu lassen.

10. ÜBUNG »AUSDRUCKSÜBUNG«

Wer sein Innerstes ausdrückt,
wird genügend beeindruckt werden.

Man sperrt in der Ausatmungsphase den Mund weit auf und streckt die Zunge so weit wie möglich heraus. Diese Bewegung wiederholt man in der Ausatmungsphase zirka zehn bis zwanzig Mal. Dann achtet man darauf, wie sich das Gesicht anfühlt.

> ZIEL DER ÜBUNG

Da wir oft unbewußt den ganzen Tag das Gesicht nicht, wenig oder nicht genug bewegen, und kraftvoller Ausdruck eine wichtige, energetisierende und bewegende Seite des Lebens ist, ist diese Übung sinnvoll.

Ausdrucksfähigkeit ist mit dem Gefühl verbunden, lebendig zu sein.

Ausdrucksfähigkeit bringt uns in die Position, das Innere nach außen zu bringen, damit es wirken kann, und nicht nur für uns selbst drinnen zu behalten.

Von gleicher Wichtigkeit im Leben ist, sich einerseits ausdrücken zu können und andererseits beeindruckbar zu sein.

11. KOPF- UND NACKENÜBUNGSSEQUENZ

ÜBUNG »KOPFBEWEGUNGEN ZULASSEN«

Der Hals-Nackenbereich dient unbewußt zur Steuerung der Bewegung. Dennoch ist es sinnvoll und wohltuend, gerade diesen Bereich zu bewegen und durch Bewegungen zu lockern und zu entspannen. Von diesem Hintergrund aus, läßt man die kleinen Kopfbewegungen zu, die durch das In-Bewegungen-Halten des ganzen Körpers entstehen (wie Übung 6.15.).

ÜBUNG »DEN KOPF LINKS UND RECHTS DREHEN«

a. Während des Laufens dreht man den Kopf in einer langsamen und kontinuierlichen Bewegung nach links, sieht sich die Natur dort drüben an, dann nach rechts.
   Man fährt mit den Drehbewegungen über einige Zeit fort.
b. Wer mag, kann dieses Links-und-Rechts-Drehen des Kopfes mit der Atembewegung synchronisieren, was die Emotion intensiviert und die Entspannung fördert.

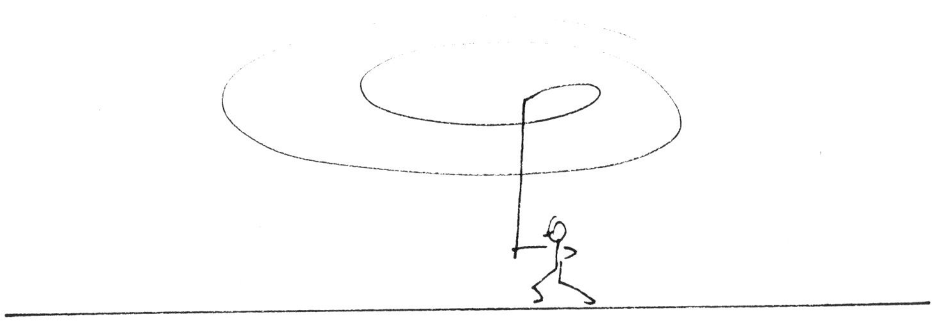

ÜBUNG »HINAUF- UND HINUNTERSCHAUEN«

a. Ähnlich wie in der vorhergegangenen Übung blickt man nun langsam nach oben in die Baumwipfel und in den Himmel, dann senkt man den Kopf langsam und schaut kurz auf die Erde. So fährt man fort, nach oben und nach unten zu schauen.

b. Wer mag, synchronisiert wiederum die langsame Bewegung mit der Atembewegung. Man achtet darauf, daß man die Übungen nicht mechanisch ausführt, sondern so, daß sie einen bewegen, in einem möglichst Bewegtheit auslösen.

12. ARBEIT MIT VERSCHIEDENEN AUGENSTELLUNGEN

> EINLEITUNG

Die Augenstellungen sind entscheidend für unser Erleben und Empfinden. Nur eine kurze Arbeit mit den Augenstellungen zeigt, wie sich unsere Gestimmtheit, unser Blickwinkel und unsere Sicht entscheidend und ganzheitlich verändern. Der leichteste Zugang, um an Lebensgewohnheiten einwirkend und verändernd zu arbeiten, ist der über die Augenstellungen. Aber staunen Sie nicht nur über diese Aussage, probieren Sie es selbst aus.

ÜBUNG »STAUNENDES SCHAUEN«

a. Man bringt die Augen in die Position des Staunens und hält sie so.

b. Man atmet das ganze Wahrnehmungsbild weich und intensiv ein, zieht die bestaunte Umgebung tief in das Innerste ein, so als ob man sich von diesen Bildern wirklich ernähren könnte. Man bestaunt sie als wertvollste seelische Nahrung, die sie in Wirklichkeit ja sind.

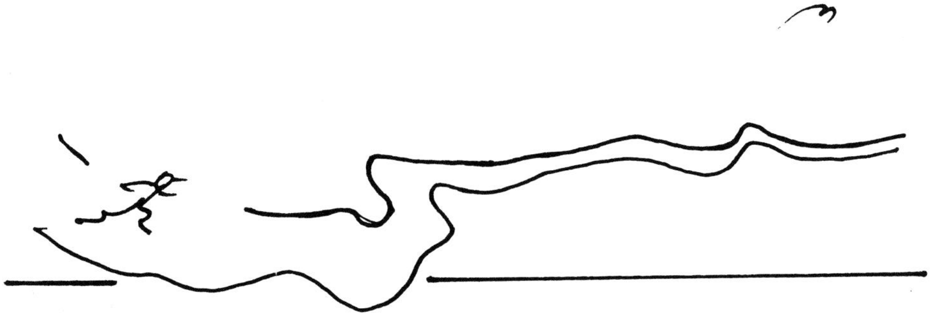

ÜBUNG »LANDSCHAFTSBILDER EINSAUGEN«

a. Man öffnet in der Einatmungsphase die Augen sehr weit und zieht das Wahrnehmungsbild insgesamt kraftvoll ins Innere, ganz hinten hinein, in den letzten Winkel der Seele.

b. In der Ausatmungsphase läßt man die Lider sinken und entspannt die Augen kurz. In der Einatmung öffnet man sie weit und atmet das ganze Bild, seine Strukturen und Farben-Farbabstufungen intensiv ein... Man füllt sich insgesamt damit kraftvoll einsaugend bis ins Innerste hinein an.

> KOMMENTAR

Das Staunen und die Freude sind miteinander unmittelbar verbunden. Nimmt man staunende Haltungen ein, so gelangt man rasch zur Freude über das Wunder des Lebens, der Welt, dieser einzelnen, einzigartigen Blume. Das frische, gerade geborene Bewußtsein birgt die staunende Freude in sich. Leben heißt Ja sagen zum Jetzt. Bewußtsein will geboren werden aus der Dunkelheit des unendlich Ungeschöpften, aus dem faszinierenden Drangsal dichter Dunkelheit, aus der Dichtheit des ewig Ewigen.

Freude ist Beigabe des Bewußtseins, immerwährend bewußten Seins. Staunende sind freudige Träumer. Freudige Träumer spenden Freude. Das Kind in uns ist ein freudiger Träumer. Jedes Kind träumt, soferne es nicht beschädigt wurde, freudig in den Alltag hinein. Die Freude der Erwachsenen am Kind ist, daß sie unbewußt seine Ganzheitlichkeit und Lebendigkeit schauen und von ihnen genährt werden. Wissende schauen nicht bloß Teile an, Wissende schauen die Welt in ihrem Ganzzusammenhang, im einzigartig großen Schwung all ihrer Verbindung durch Raum und Zeit, diese selbst transzendierend, an.

Kinder haben von Haus aus freudig-staunende Träume, sie gehen auf die Welt voller Zuversicht und durch kraftvolle Visionen gespeist zu. Sie glauben von Geburt an an das Schöne und Gute, sehen die Welt noch als einzigartiges Wunder und erstrahlen selbst im Glanz ihres Zaubers. Dieses »Kind« in uns zu aktivieren, ist das Ziel der obigen Übung.

ÜBUNG »ALLES MIT FREUNDLICHKEIT BETRACHTEN«

Man betrachtet alles, was einem begegnet mit Freundlichkeit und behält diese Betrachtungsweise bewußt atmend bei.
Man betrachtet die verschiedenen Anteile der Natur, Pflanzen, Tiere, Steine, Bäume, Wolken, Lichterscheinungen und Menschen mit ungeteilter Freundlichkeit.

> KOMMENTAR

Frage: Welche Art von Freundlichkeit ist da gemeint?
Antwort: Eine über die sozial gemeinte Freundlichkeit hinausgehende. Wirkliche Freundlichkeit, die von innen kommt, die von Herzen kommt, ist wunderbar. Nach ihr sehnen sich im Grunde alle ein Leben lang. Doch zugegebenermaßen ist dies eine heikle, weil leicht mißzuverstehende, weil leicht falsch ausführbare Übung.
Frage: Kann man Freundlichkeit üben?
Die Antwort ist: Ja. So wie man sich in der Freundlichkeit bestärken kann, so kann man auch unzählige Argumente finden, unfreundlich, derb und grob zu sein. Auf Dauer ist es einfach angenehmer freundlich zu sein. Ist das nicht Grund genug?
Frage: Kann man Freundlichkeit üben? Ist das nicht etwas Aufgesetztes, Künstliches, wenn man vorsätzlich freundlich ist? Antwort: So wie man sich in Geduld übt, so kann man sich in Freundlichkeit üben. Am Beginn kann dieses bewußte Tun sich unter Umständen künstlich anfühlen. Umso mehr jedoch diese uns Menschen inhärente Freundlichkeit aus sich selbst zu strahlen beginnt, desto mehr wird eine ganz andere Art von Erfahrung, eine Gewißheit spürbar, die wunderbar und rundum guttuend ist.

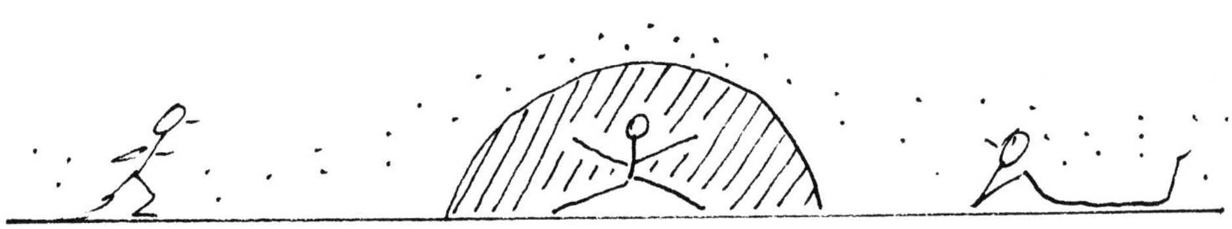

ÜBUNG »LÄCHELNDE AUGENSTELLUNG«

Man bringt die Augen in eine sanft lächelnde Position, atmet bewußt und weich, und betrachtet die Landschaft oder einzelne Anteile der Natur. Das Lächeln sollte möglichst von innen heraus kommen, sich an der Freude des Gesehenen entzünden und möglichst nicht aufgesetzt sein.

Man sollte das, was man tut, so tun, daß man es gerne tut,
denn man hat nur diese *eine* Chance.

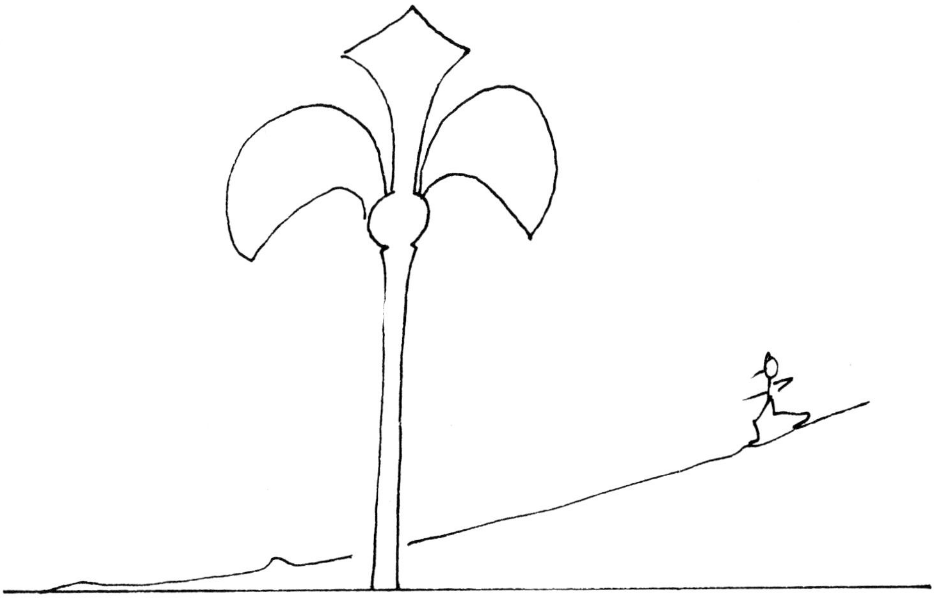

ÜBUNG »LÄCHELN IN DIE AUGEN MEINER GELIEBTEN / MEINES GELIEBTEN BRINGEN«

a. Sanft atmen und die Atmung bewußt machen.

b. Sich die Augen und das Gesicht der Geliebten/des Geliebten vorstellen. Sich weiters vorstellen, jetzt, getragen durch das sanfte Ausatmen, den Glanz der eigenen lächelnd strahlenden Augen in die Augen, das Gesicht der Geliebten/des Geliebten zu bringen.

> KOMMENTAR UND GESCHICHTE

Frage: Gibt es nicht sehr unterschiedliche Arten des Lächelns?

Antwort: Ja. Das Lächeln eines Buddha, das berechnende Strahlen eines Geschäftsmannes; das Lächeln eines sympathischen Spitzbuben; das Lächeln von Menschen, die im Grunde genommen traurig sind; das Lächeln von Verliebten; das zynisch-ironische Lächeln; das verlegene Lächeln; das Lächeln eines Kindes...

Frage: Ist das nicht recht mißverständlich: einfach lächeln?

Antwort: Zugegeben, ohne gewisse Erfahrungen an Tiefe kann diese Übung recht mißverstanden werden oder entfremdend wirken. Dann wird sie jemand auch nicht weiter betreiben. Den Menschen, die vom inneren Zustand her bereit sind, wird sie ein Genuß und eine Offenbarung sein.

Frage: Kann man wirklich aus dem Stand innig lächeln?

Antwort: Im Prinzip ja, soferne der Keim des Lächelns angelegt, der Same des Lächelns befreit und bereit ist, aufzukeimen.

Frage: Kann man denn einfach so vor sich hinlächeln?

Antwort: Ja, man kann. Man erinnere sich nur, daß das erste Lächeln aus einem selbst kommt. Als Baby haben wir aus uns selbst heraus gelächelt, einfach so, weil die Freude des Lebens sich durch uns verströmen wollte, ohne daß wir auf unsere Eltern reagiert hätten. Diesen Zustand gilt es zum Beispiel durch diese Übung wieder zu erinnern, wieder zu

aktivieren, wieder herzustellen. Vielleicht ein Zustand seliger Unschuld, der Freude des Lebens absichtslos Ausdruck zu verleihen.

Wenn wir einen guten Tag erwischen, dann strahlt etwas an Lebensfreude aus uns. Dann kann man beobachten, wie viele Menschen uns anschauen, Kontakt machen, wie viele unbewußt auf diesen Ausdruck der Lebensfreude unmittelbar reagieren.

Frage: Was ist, wenn man sich trotzdem dabei komisch fühlt?

Antwort: Einfach weitermachen. Sich vorerst komisch zu fühlen, ist kein Grund etwas nicht über längere Zeit auszuprobieren.

Frage: Was kann über dieses Lächeln selbst ausgesagt werden?

Antwort: Man sieht mit diesem Lächeln über die Welt hinaus, hinein in das goldene Zeitalter, in eine Ära voll Licht. Man sieht nur mit diesem Lächeln gut.

BUDDHA UND DIE BLUME

Als Buddha sich in den Grdhrakuta-Bergen befand, drehte er eine Blume zwischen seinen Fingern und hielt sie seinen Zuhörern hin. Ein jeder war still. Nur Maha-Kashapa lächelte bei dieser Offenbarung, obwohl er versuchte, seine Miene zu beherrschen.

Buddha sagte: »Ich habe das Auge der wahren Lehre, das Herz des Nirvana, den wahren Aspekt der Nicht-Form und den fehlerlosen Fluß des Dharma. Dies ist nicht in Worten auszudrücken, sondern wird jenseits des Lehrens auf besondere Weise vermittelt. Diese Lehre habe ich Maha-Kashapa gegeben.« (REPS Paul, S 123)

Wenn Maha-Kashapa nun diese eine Blume anlächelt, warum können wir dann nicht alle Blumen anlächeln?

ÜBUNG »KRAFTVOLL ZUPACKENDE AUGENSTELLUNG«

a. Man schaut energisch in die Landschaft, schaut mit kraftvoll zupackenden Augen, mit einem Adlerblick. Man bringt viel Energie in die Augen, drückt von innen her Kraft in die Augen, wie ein Adler, der seine Beute fest ins Auge faßt.

b. Man kann auch kleine, ruckartige Kopfbewegungen dazu machen, etwa so wie ein Vogel und auch ein Adler es machen; man fixiert nach jeder ruckartigen Veränderung der Kopfposition mit den Augen das gerade Sichtbare kräftig und kurz.

> KOMMENTAR

Diese Übung ist vor allem für Menschen, die mit den Augen eher schwer zupacken können. Wem diese Übung eher schwer fällt, für den ist sie bestens geeignet. Wem diese Übung recht leicht fällt, sollte sich mehr mit den sanften Augenstellungen befassen.

Manche Menschen schauen von Haus aus mit zu kraftvollem Blick, haben zu viel Energie, vor allem zu viel fixierende Energie in den Augen, was Mitmenschen bereits Angst macht. Für diese Menschen sind die weichmachenden Augenübungen ideal.

Für Menschen, die eher zu sanftem Blick neigen, ist diese - das Zupackende übende Augenübung - erweiternd.

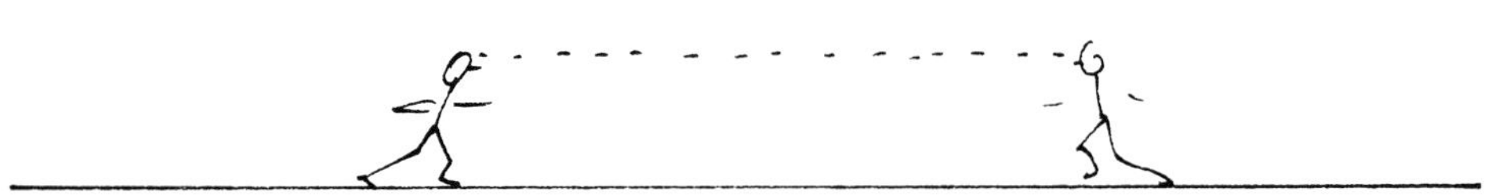

13. ÜBUNG »BEIM LAUFEN IN DIE SONNE SCHAUEN«

> EINLEITUNG

Im Vorfrühjahr oder Spätherbst, wenn das Licht ziemlich flach und mild auf die Erde fällt, ist das eine wunderbare Übung. Im Frühjahr, Sommer und Herbst ist für die folgende Übung der Morgen oder Abend die ideale Tageszeit.

a. Man sieht, soferne es die Laufrichtung, Tageszeit und Laufstrecke zuläßt, direkt in die Sonne, atmet das Sonnenlicht ein und atmet in die Sonne mit geöffneten Augen hinein. Man läßt die Bäume und Äste vor der Sonne im Laufen vorbeistreichen und konzentriert sich mit der Atmung auf die Helle und glitzernde Wärme.

b. Man macht dies, solange es einem gut tut. Wenn die Augen leicht verblenden, macht das gar nichts, aber man sollte nicht mit Gewalt und zu lange direkt in die Sonne hineinsehen, da dies unter Umständen die Netzhaut beschädigen könnte. Bei normalem Umgang ist da keine Gefahr.

14. ÜBUNG »EIN STÜCK NATUR BEATMEN«

a. Man trabt zuerst einige Zeit, bis man sich frei gelaufen hat.

b. Dann sucht man sich im Laufen zum Beispiel einen Baum vor sich aus. Beim Ausatmen stellt man sich vor, daß man diesen Baum mit seinem Atem belebt; man atmet gleichsam in ihn hinein.

Beim Einatmen - man ist ja schon vorbeigelaufen - zieht man das Nachbild (das Bild, das in der eigenen Imagination zurückbleibt) in sich hinein. Ist beides zuviel, kann man nur beim ersten Teil des belebenden Beatmens verweilen.

> KOMMENTAR

Die Anweisung klingt ungewöhnlich und magisch. Dem ist aber nicht so. Der Sinn dieser Tätigkeit ist, die Konzentration zu schulen und die Wahrnehmungsfähigkeit zu steigern. Wenn man diese Übung über längere Zeit durchführt, wird sehr schnell spürbar, wie sehr einem die Augen plötzlich aufgehen, um wieviel mehr man in der Folge auf einmal klar und scharf zu erfassen und aufzunehmen imstande ist.

Die oftmalige Wiederholung dieser Übung ist angebracht. Sie ist eine meiner Lieblingsübungen.

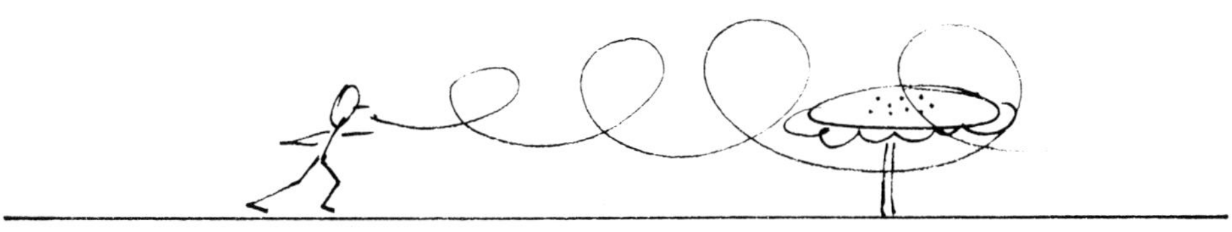

TEIL II

MEDITATIVES LAUFEN

E. ICH SPRECHE HIER NUR ALS KLEINER MENSCH

Ich spreche hier nur als kleiner Mensch, der sich ein Zipfelchen an Begeisterung bewahren, der einen Funken an Andacht entfachen konnte und vielleicht ab und zu ein wenig Zugang zum unendlich Schönen des Lebens findet, an dem sich dieser »Weg der Begeisterung« immer wieder aufs Neue entzündet.

Als kleiner Mensch, als laienhaft-intuitiv Vorgehender, als Suchend-Herumtappender, breite ich hier Bilder aus, die mir wohltun, um sie mit anderen zu teilen. Irgendwann im Leben habe ich mich eindeutig entschieden für den »Weg der Begeisterung« - vielleicht war es damals mit achtzehn im wunderbaren Sturm und Drang, als ich mich an einem Gedicht versuchte.

RASMUSSEN, der große Eskimoforscher, schrieb einmal, daß eines seiner Vermächtnisse darin besteht, an die Träume der Kindheit und Jugendzeit zu glauben und ihnen die Treue zu halten. Rasmussen träumte immer davon, zu den Eskimos zu reisen und wurde später ein großer Eskimoforscher. Wer seine Träume verkauft und verrät, verliert eine wichtige Kraftquelle. Idealisten sind Träumer. Wir können uns an ihrer Begeisterung laben und nähren, sie erinnern uns an den ewigen Quell des Lebens, an den Jungbrunnen. Idealistischer Realismus. Wenn wir einmal auf unserem Totenbett liegen werden und unser Leben in einem großen Zug überblicken werden, werden wir wissen, was wir getan und was wir versäumt haben. Darum lege ich mich jeden Tag auf mein Totenbett.

Meditieren, Sterben, Staunen und eine gewisse Art des Träumens haben Vieles gemeinsam. Sie alle tauchen ein in die Kraft des Augenblicks; sie tauchen in den Brunnen jenes

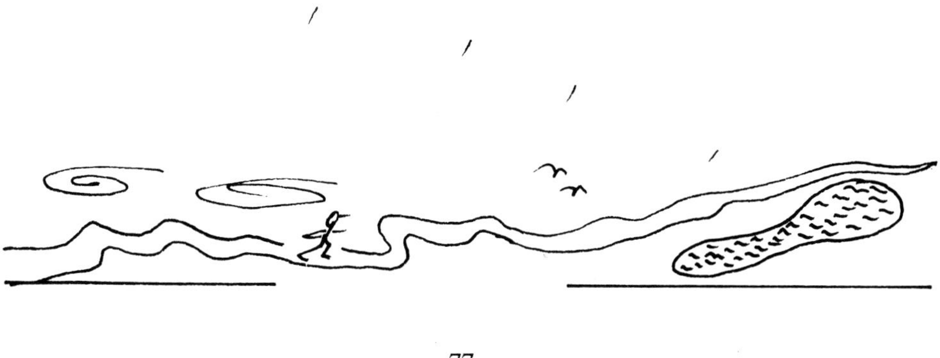

Augenblicks, wo die Last der Vergangenheit sich auflöst, der Zweifel und die Angst, die die Zukunft betreffen wie Schneeflocken im warmen Wasser dahinschmelzen und sich im Nichts auflösen

Der schöpferische Akt dieser Art des Träumens, Sterbens und Staunens wurde im nachfolgenden Schöpfungsmythos einfach und kraftvoll ausgesagt - bewegend, ergreifend.

ICH BIN BESCHÄMT VOR DER ERDE
(Schöpfungsmythos der Navajos)

Ich bin beschämt vor der Erde
Ich bin beschämt vor den Himmeln
Ich bin beschämt vor der Dämmerung des Morgens
Ich bin beschämt vor dem Zwielicht des Abends
Ich bin beschämt vor dem Blau des Himmels
Ich bin beschämt vor der Sonne
Ich bin beschämt vor der Stimme in mir, die mit mir spricht.
Manches sieht mich beständig an.
Ich bin nie außer Sicht.
Deshalb muß ich die Wahrheit sagen.
Ich halte mein Wort fest an mein Herz.

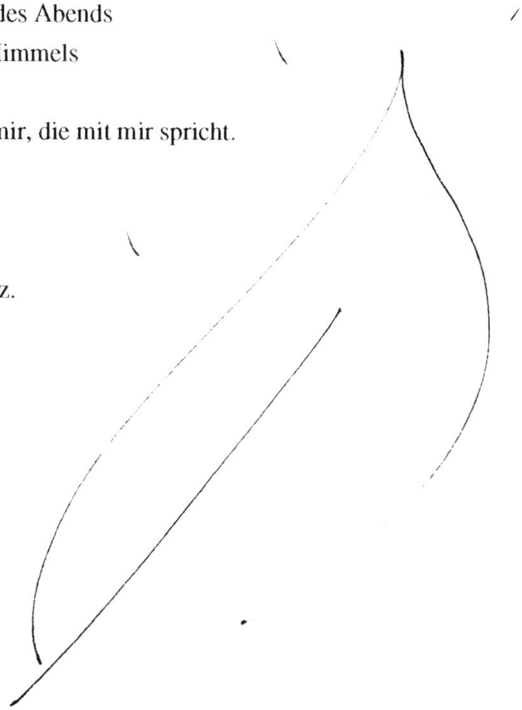

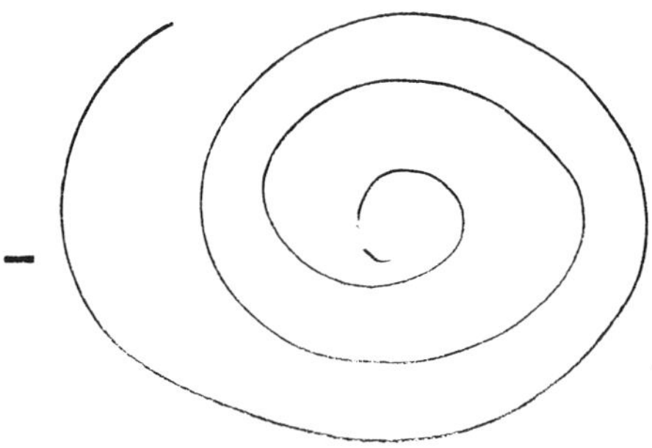

F. MEDITATION: SICH ENTSPANNEN, SICH BESINNEN

Die Schönheit des Lebens
in Stille, Ruhe und Beschaulichkeit.

Der Begriff Meditation wird hier in einem schlichten Sinn verstanden, nämlich als Möglichkeit der Entspannung und Besinnung. Sinn ergibt sich durch Besinnung. Von Wesen, Inhalt und Wirkung her, reicht das Meditative natürlich weit über die Möglichkeit der Entspannung hinaus.

Wenn man an das autogene Training denkt, das heute sehr viele Menschen im Westen kennen, so sieht man, daß meditative Übungen im einfachsten Sinne wohltuende Entspannung herbeiführen können, innere Ruhe und Wohlbefinden aufzubauen vermögen, die uns hektischen und streßgeplagten Industriestaatlern sehr gut tun. Die Form der Entspannung durch meditative Aktivitäten ist trotz ihrer ausgleichenden Wirkung eine äußerst spannende.

Die Angst vor der Stille und noch mehr die Abwehr der inneren Stille scheint in den modernen Industriestaaten verdammt groß zu sein, aber die Sehnsucht nach ihr scheint langsam mehr und mehr aufzukommen.

Besinnen hat nichts mit Nachdenken zu tun. Nachdenken und Besinnen sind zweierlei. Um sich recht zu besinnen, ist es notwendig mit dem Nachdenken aufzuhören, oder die Gedanken in bestimmte Richtungen zu lenken. Durch die intensive und sich wiederholende Konzentration (Besinnung, Meditation, Kontemplation) auf bestimmte Bilder, Motive und Inhalte kann sich Entspannung, Freude, innerer Friede, vielleicht sogar Glückseligkeit einstellen.

Ein Ja zur Besinnlichkeit setzt zuerst ein Verlangen nach Stille voraus. Aber der Quell der Stille ist ohne den der Entspannung nicht zu finden.

Stille und Geräuschlosigkeit sind zweierlei. Die Stille kann sehr laut sein, lauter und bewegender als jedes Geräusch. Stille und Klang schließen sich nicht aus. Es gibt viele meditative Zugänge, die über Laute, Töne, Klänge, Musik und Tanz erfolgen. Vielleicht sollte man sagen, Meditation ist das Streben nach Entspannung, nach regenerierender Ruhe, nach

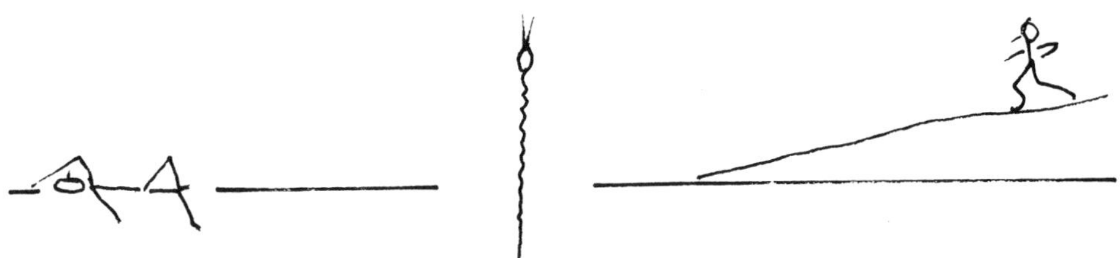

einem Stück Seelenfrieden, nach Verinnerlichung, nach dem spannendsten Ausgleich des Innersten, nach hoher Besinnung.

Das Verlangen nach Entspannung durch Meditatives hat verschiedene Bewegungsrichtungen:

> zuerst geht es NACH »UNTEN« (Entspannung, Erdung, Bewußt-Sein),
> dann NACH »INNEN« (Besinnung, Verinnerlichung, Unbewußtes) und
> dann NACH »OBEN« (Kontemplation, Unbewußtes, Überbewußtes),
> und zuletzt wieder NACH »AUSSEN« (der meditative Weg ins Bewußtsein; das Geschaffene/Erlebte in die Welt ausstrahlen, den Schatz der Seele teilen).

Rhythmisches Laufen ist ungemein entspannend. Obwohl man aktiv ist, entspannt man sich zugleich. Das meditativ-spannend-entspannende Element kann mit Hilfe von bewußter Bewegung, durch Konzentration auf äußere Wahrnehmungsinhalte, durch bewußtes Atmen, durch Konzentration auf bestimmte Vorstellungen (Vorstellungs-Kraft) und anderes mehr betrieben werden. Das Verbindende in all diesen meditativen Tätigkeiten ist die bewußte Atmung. Richtet man die Atmung bewußt auf Bilder, Begriffe, auf den Bewegungsrhythmus, auf die Natur, so findet man sehr schnell aus dem düsteren und dürren Leistungsdschungel heraus in eine aufbauende, aerobe Bewegungsform, die entspannend, reinigend, erfreuend, einfach guttuend ist. Letztlich führen alle diese Wege zu Entspannung, zu friedlcher Stille, in Bereiche, die mit Worten nicht oder nur schwer beschrieben werden können, in Bereiche, die besser wie oben mit einem Gedicht anzudeuten sind oder durch die gemeinsame Schwingung des Schweigens.

Wir brauchen in unserer überspannten Welt dringend und notwendig Möglichkeiten zur sinnvollen Entspannung. Und diese hier angebotene ist eine davon.

Wenn dieses Buch Menschen Wege zur Entspannung zeigen kann, so wäre ich mit diesem Ergebnis sehr zufrieden. Dennoch, die Sache mit der Entspannung stimmt nicht ganz; ei-

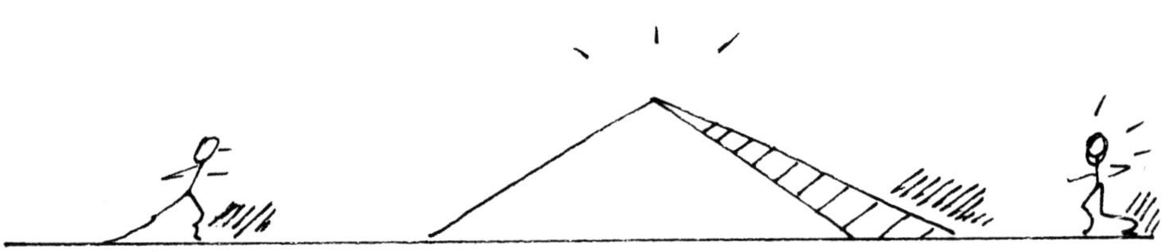

nerseits stellt sich eine tiefe und mit der Zeit zunehmende Entspannung ein, aber zugleich ist der Vorgang der Besinnung ein zutiefst spannender und ergreifender.

Meditieren bedeutet zuallererst, bewußt leben, sich auf das Sein zu besinnen und dem allein Zweckorientierten, Absichtsvollen, der Manipulation des Materiellen eine gewisse Zeit des Tages lang bewußt zu entsagen.

Umso höher die Meditation, desto durchscheinender, formloser, lichtvoller und in gewissem Sinn abstrakter, bzw. emotional-feinsinniger werden die »Inhalte der Konzentration«.

Eine ansteigende Meditationsfolge im Dauerlaufen könnte zum Beispiel sein:

»Konzentration und Synchronisation von Bewegungs- und Atemrhythmus«

»Weiches und bewußtes Aufsetzen der Füße«

»Ein Stück Natur beatmen«

»Ein Wasserfall aus Licht und Liebe«

»In der ewigen Sonne des Herzens ein Feuer entfachen«

»Mit der Atmung Freude im ganzen Universum ausbreiten«

»Meditation der höchsten Erkenntnis (das Licht der Erkenntnis)«

»Das ungeschaffene Licht meditieren«

»Meditation der Leere«

»Meditation des höchsten Bewußtseins«.

So wie in der folgenden Geschichte ist jeder Mensch ein Kaiser, der nach seiner verlorenen, wunderbaren Perle suchen kann. Diejenigen, die irgendwie spüren und ahnen, daß es diese Perle gibt, werden sich früher oder später auf den Weg, auf die Suche machen:

DIE PERLE

Der Gelbe Kaiser reiste nordwärts vom Roten See, bestieg den Berg Kun-lun und schaute gegen Süden.

Auf der Heimfahrt verlor er seine Zauberperle.

Er sandte Wissen aus, sie zu suchen, aber es fand sie nicht.

Er sandte Klarsicht aus, sie zu suchen, aber sie fand sie nicht.

Er sandte Redegewalt aus, sie zu suchen, aber sie fand sie nicht.

Endlich sandte er Absichtslos aus, und es fand sie. »Seltsam fürwahr«, sprach der Kaiser, »daß Absichtslos sie zu finden vermochte« (TSCHUANG-TSE, S 48).

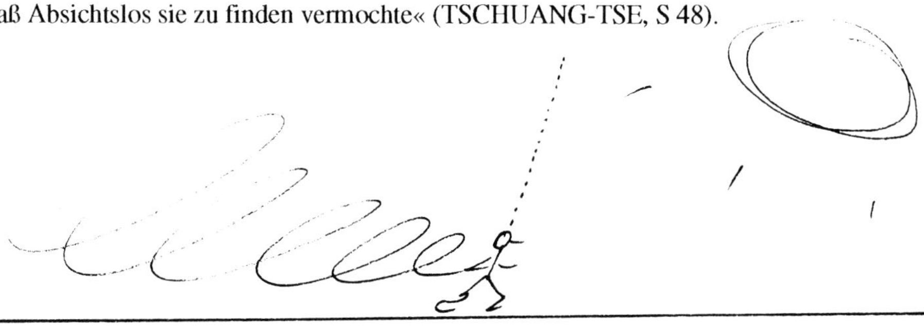

Kreativität, Intuition und Freiheit sind in der Praxis des Meditierens Edelsteine. Als Grundregel ist jede Art der Besinnung, des Meditierens, die einen emotional spürbar anspricht, inspiriert, begeistert und emotional hebt, günstig und sinnvoll. Es ist günstig, sich von seinem Inneren leiten zu lassen, auf die innere Stimme zu hören und ihr zu folgen. Es gibt viele Wege, die alle durch das »torlose Tor« führen, das nicht nur mit Verstand, Wissen, Disziplin und Fleiß, sondern auch mit Hilfe von Gnade erreicht werden kann. Deshalb: Geduld, Ergebenheit und Bescheidenheit sind neben Tatkraft angesagt.

Ich sehe die in diesem Buch dargestellten meditativen Laufübungen schlicht als Bewegungsmöglichkeiten für Menschen an, die Freude und Wohlgefallen an ihnen finden und neben der zweck- und leistungsorientierten Fortbewegung eine andere Art von Welt und Da-sein entdecken und erstehen lassen wollen.

Es gibt keine allgemeinen Wegweiser für den ganz persönlichen Weg des entspannend Meditativen; vielmehr scheint es eine ungefähre Richtung zu geben, und diese wird durch Ahnung und eine eigene Art innerer Gewißheit gegeben. So sind alle diese zur spannenden Besinnung geeigneten Übungen und schleiernden Vorstellungen in der Folge Vorschläge, Möglichkeiten, die im Einzelnen Anklang finden können oder nicht. Immer wenn man glaubt, einen Wegweiser gefunden zu haben, läuft man Gefahr befremdlich in die Irre zu gehen. Das Große, All-Eine, das in seiner Pracht alles Umfassende, braucht nicht durch einen Wegweiser gezeigt werden; das wäre so, als ob man strahlendes Feuer mit einer Kerze suchen würde.

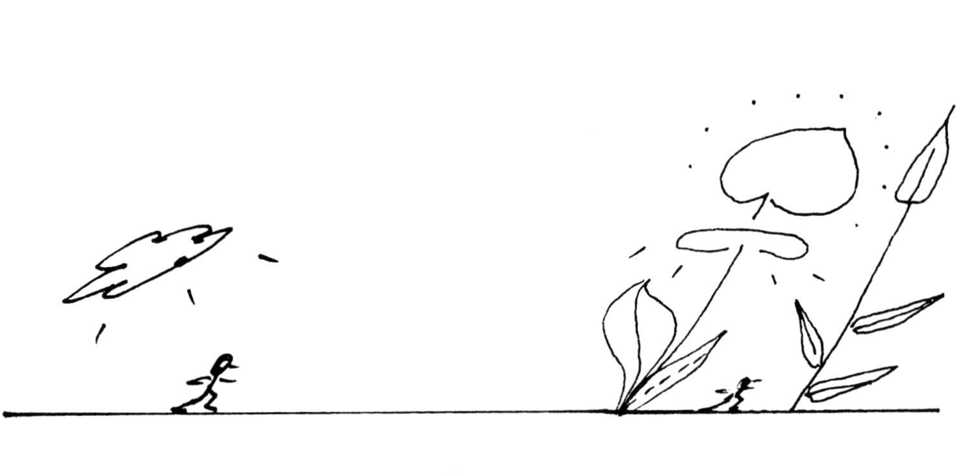

Schönheit ist der letzte Grund des Lebens,
Schönheit, die hinter allen Erscheinungen steht;
Schönheit, vor der sich alle Erscheinungen neigen,
Schönheit, in der der Schein vergeht.

MEDITATIVE LAUF-ÜBUNGEN

> EINLEITUNG

Bei vielen, nicht bei allen, der im folgenden beschriebenen Übungen besteht die Möglichkeit, sich zuerst aufrecht auf einen Stuhl zu setzen, die Augen zu schließen und das, was man im Laufen vor hat, vorweg zuerst sitzend auszuprobieren oder auch regelmässig zu praktizieren.

Man kann diese Lauf-Übungen auch im Gehen oder beim Berggehen machen.

Im Laufen benötigt man oft viel innere Versammlung, um sich über längere Zeit auf die spezifischen Inhalte zu konzentrieren. In der freien Natur und in Bewegung sind für viele Menschen die Ablenkungsmöglichkeiten wahrscheinlich größer als im stillen Sitzen oder Liegen.

Wenn man mit besinnlichen Inhalten läuft, ist es günstig, eine Laufstrecke zu wählen, die kontinuierlich dahingeht, wo man sich nicht auf die Beschaffenheit des Weges konzentrieren muß und wo einem wenig Menschen begegnen. Passanten lenken Läufer erfahrungsgemäß häufig ab.

Die Haltung im Laufen hängt vom Inhalt der Übung ab. Konzentriert man sich dabei nach innen, so richtet man den Blick ein bis zwei Meter vor sich auf den Boden und läßt sich durch niemanden und nichts von dieser Blickhaltung abbringen. Man kann beobachten, wie sehr man jedes Mal aus der konzentrativen Phase herausgeschleudert wird, wenn man aufblickt.

Wenn man einen Teil der Natur meditiert, so blickt man diesen Teil natürlich an.

Auch bei aufwärtsgerichteter Meditation, zum Beispiel von der Mitte des Herzens aufwärts, oder durch die Fontanelle hinauf ins Dunkel des ungeborenen Lichts, hält man den Blick ebenfalls vor sich auf den Boden gerichtet und sieht nur »innerlich aufwärts«. Stellen Sie sich die Übung nicht nur vor, probieren Sie sie einfach aus. Das ist am leichtesten. Nichts übertrifft den Wert der Praxis.

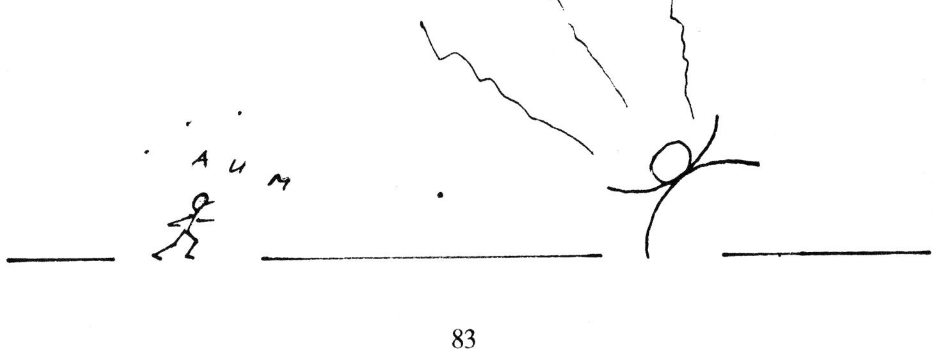

15. ÜBUNG »EIN WASSERFALL AUS LICHT UND LIEBE«

a. Man stellt sich im Laufen über sich einen Wasserfall vor, der sich weich und angenehm über einen ergießt. Wenn man in der inneren Anschauung hochblickt, sieht man, daß sich über dem herabkommenden Wasser das Licht der Sonne, oder das Licht des Himmels, oder das Licht der Sterne oder das Licht hinter dem Universum glitzernd bricht. Das Licht über dem Wasserfall sehend erkennt man, daß es eigentlich eine Mischung aus Wasser und Licht ist, die auf einen herabkommt.

Man atmet nun in der inneren Vorstellung das herabstürzende Wasser und Licht durch die Fontanelle in den Körper ein und läßt sich davon innerlich laben und bewegen.

b. Als nächsten Schritt stellt man sich vor, daß sich ein Wasserfall aus Licht und Liebe über einen ergießt. Man saugt diesen lichtvollen Strom aus Liebe in seinen Körper einatmend ein und füllt jede Zelle seines Seins mit dieser Liebeskraft an.

> KOMMENTAR UND GESCHICHTE

Wasser ist hier in unserem Fall Lebenswasser. Es ist nicht nur Wasser wie wir es in der Natur zu sehen bekommen. Dieses Wasser der inneren Anschauung ist eine Art von Wasser, in dem sich die Erinnerung an die Wahrnehmungen in der Natur mit den archetypischen Bildern aus dem kollektiven Unbewußten verbinden, durchmischen und zum Höchsten und Äußersten steigern.

Es ist das Strömende, sich ewig Bewegende selbst, das man in der inneren Anschauung einatmet, dem man sich ganz öffnet und dem man sich hingibt, in das man sich hineingibt.

So tuend, wird man gleichsam selbst - in der Verbindung von Vorstellung, Bewegung und Atmung - zu einem Teil des Warm-Strömenden, eintauchend in das ewige Fließen.

Es ist das strömende Prinzip, das alles Unterschiedliche in sich lösend verbindet.

Manche Menschen streben nach Macht, andere nach Liebe. Meiner Meinung streben auch die, die nach Macht streben, im Grunde nach Anerkennung und Wertschätzung (Gleich-Wertigkeit). Diese beiden letzteren sind jedoch nur Anteile am Liebestrank. Wenn man sich wirklich anerkannt und wertgeschätzt fühlt, fühlt man sich auch geliebt.

Das archetypische Bild des »Wasserfalls aus Liebe« trifft, so gesehen, eine existentielle Grundsituation des Lebens. Wie kann ich diese Ungestilltheit des Geliebtseins im Leben bewältigen und meistern? Einerseits glaube ich, daß es wirklich wichtig ist, im Leben Menschen zu begegnen, die in einem hohen Maße liebesfähig sind, sodaß man selbst durch das liebende Beispiel der anderen mit der Zeit liebesfähig wird. Andererseits glaube ich, daß der Zugang zum Kontemplativen früher oder später notwendig ist, um die allein durch das Weltliche ungestillt bleibenden Wünsche nach Liebe und Erfüllung zu sättigen. Überschätzung und Unterschätzung von Selbstachtung und Selbstliebe (überhöhte Selbstwertgefühle, Betonung von Minderwertigkeitsgefühlen, herablassende Verachtung, Autoritätshörigkeit, Bewunderungssucht) sind alle Anzeichen für ein unterschiedliches Manko an Liebesmöglichkeit und einen sich verschieden darstellenden Mangel an Erfülltheit.

So unmodern das für manche klingen mag, Diesseitiges und Jenseitiges, Weltliches und Himmlisches gehören zusammen. Das menschliche Herz kann sonst aus den weltlichen Inhalten allein niemals zufrieden werden und versteigt sich in seiner Ungestilltheit in die Überbetonung des Materiellen.

DIE BETTLERSCHALE (Die Schale der Herzenswünsche)

Eine alte Geschichte erzählt von einem König, der den Wunsch eines Derwisch erfüllen wollte. Und der Wunsch des Derwisch bestand darin, daß seine Bettlerschale mit goldenen

Münzen gefüllt würde. Der König meinte, dies sei das leichteste von der Welt, die Schale dieses Derwisch zu füllen. Aber als er es versuchte, zeigte sich, daß es eine Zauberschale war: sie wurde nicht voll. Je mehr Gold man hineinschüttete, desto leerer wurde sie. Und der König war sehr enttäuscht und entmutigt bei dem Gedanken, daß diese Schale von ihm nicht gefüllt werden konnte.

Der Derwisch sagte: »Eure Majestät, wenn Ihr meine Schale nicht füllen könnt, so müßt Ihr es nur sagen, und ich werde meine Schale wieder an mich nehmen und meines Weges gehen. Ich bin ein Derwisch, und ich werde weiterwandern und werde eben denken, daß Ihr Euer Wort nicht gehalten habt.

Mit allem guten Willen, mit aller Großherzigkeit und mit allen Schätzen konnte der Herrscher die Schale doch nicht füllen. Und er fragte: »Derwisch, sage mir, was für ein Geheimnis Du in dieser Schale birgst! Es scheint nicht mit rechten Dingen zuzugehen. Es ist ein Zauber dabei, sage mir das Geheimnis.«

Der Derwisch erwiderte: »Ja, Eure Majestät, was Ihr da herausgefunden habt, stimmt, es ist eine Zauberschale.«

Kommentar zur Geschichte: »In Wahrheit ist die Schale jedermanns Herz. Es ist das Herz des Menschen, das niemals zufrieden ist. Fülle es, womit Du willst, mit Reichtum, mit Gefälligkeit, Liebe und Erkenntnis, mit allem, was es gibt. Es wird niemals voll, denn es ist nicht dazu da, gefüllt zu sein. Weil der Mensch dieses Geheimnis des Lebens nicht kennt, verfolgt er unablässig alle möglichen Ziele oder jedes Ziel, das vor ihm liegt. Und je mehr er bekommt, desto mehr will er haben, doch die Schale der Wünsche wird niemals voll.

Vom Studium der Seele aus kann man sagen: Der Hunger des Menschen wird durch Nahrung gestillt; aber dahinter steht der Hunger der Seele, und dieser Hunger kann nie gestillt werden. Der Hunger der Seele steht im Hintergrund all der verschiedenen Formen des Hungers und Durstes. Da der Mensch diesen innersten Hunger der Seele nicht entdecken kann, kämpft er während seines ganzen Lebens darum, den äußeren Hunger zu befriedigen, der gestillt wird und doch ungestillt bleibt.

Wenn jemand eine Studie über Dinge der äußeren, der objektiven Welt macht, kann er eine ganze Menge Wissen über sie gewinnen, und doch kommt er nie an ein Ende. Wer das Geheimnis des Klanges sucht, wer nach dem Mysterium des Lichtes forscht, wer die Geheimnisse der Wissenschaft sucht, forscht und forscht und forscht, und kommt doch nie an ein Ende, noch erlangt er je endgültige Befriedigung und Gewißheit. Und ein nachdenklicher

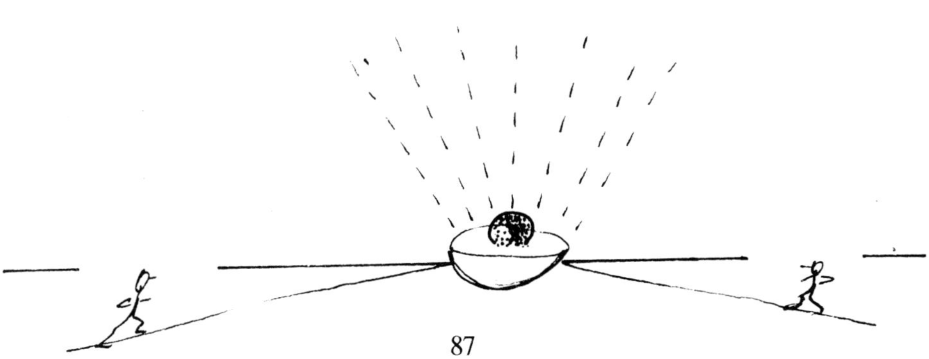

Mensch fragt sich, ob es diese Befriedigung und Gewißheit denn überhaupt irgendwo gibt, diese Zufriedenheit, die sozusagen die Hoffnung der Seele erfüllt.

Tatsächlich gibt es eine Möglichkeit, zu dieser Zufriedenheit zu gelangen: Sie liegt darin, die Vollkommenheit zu erreichen, die nicht von äußeren Dingen abhängig ist, eine Vollkommenheit, die dem eigenen Wesen angehört. Diese Zufriedenheit wird nicht erreicht, sie wird entdeckt. Und eben in der Entdeckung dieser Zufriedenheit kann der Zweck des Lebens erfüllt werden« (Geschichte und Kommentar aus: KHAN Hazrat Inayat; mit leichten Veränderungen des Kommentars).

Und nochmals zurück zum archetypischen Bild des Wasserfalls. Shunryu SUZUKI beschreibt bei einer Gelegenheit ein Erlebnis mit einem Wasserfall, wo man zu spüren beginnt, was es mit diesem Wasserfall auf sich hat. Daß es dabei nicht nur um einen materiellen Wasserstrom geht, beginnt sich im Licht, das durch das schleiernde Wasser zu gleißen beginnt, zu zeigen.

»Ich bin in den Yosemite-Nationalpark gegangen und sah dort einige riesige Wasserfälle. Der höchste von ihnen ist 1340 Fuß hoch, und bei ihm kommt das Wasser herunter wie ein Vorhang, der von den Gipfeln des Berges herabgeworfen wird. Es scheint nicht rasch herunterzukommen...; wegen der Distanz scheint es ganz langsam herabzukommen. Das Wasser kommt nicht herunter als ein Strom, es ist aufgeteilt in viele dünne Strahlen. Aus der Entfernung sieht es wie ein Vorhang aus. Und ich dachte, daß es für jeden Wassertropfen eine sehr schwierige Erfahrung sein wird, vom Gipfel eines so hohen Berges herabzukommen. Es braucht Zeit...eine sehr lange Zeit, bis das Wasser endlich den Grund des Wasserfalls erreicht. Und es scheint mir, daß unser menschliches Leben wohl auch so ist. Wir machen manche schwere Erfahrung in unserem Leben. Doch zur gleichen Zeit dachte ich, das Wasser war ursprünglich nicht getrennt, sondern ein einziger Strom« (SUZUKI Shunryu, S 100).

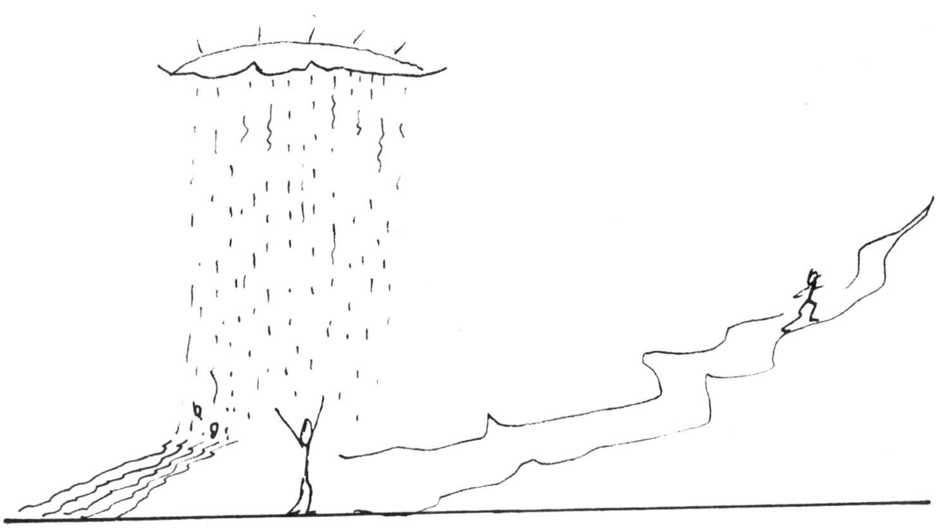

16. ÜBUNG »LICHT ÜBER DEM HOHEN BERG«

a. Man stellt sich eine sehr hohe Bergkette im Abendlicht vor.
Über dem Berg strahlt ein intensives, aber ungeheuer feines Licht.

b. Man atmet dieses intensiv strahlende Licht durch die innere Anschauung in den Körper ein und stellt sich vor, daß man einen Teil des Lichts in der Ausatmungsphase in seine Aura ausstrahlt, die dadurch aufleuchtet und weit ausstrahlt.

> KOMMENTAR UND GESCHICHTE

In dieser Übung geht es nicht um Wasser und Licht, sondern nur um Licht. Man atmet gleichsam einen gleißenden Strahl an Licht ein. Man stellt sich ganz normale Berge dabei vor und wird wahrscheinlich bald bemerken, daß sich diese Berge in der inneren Anschauung in eine mythologische bis mystische Landschaft verwandeln. Bei diesen erhabenen Bergketten denkt man vielleicht an das tibetische Hochland, an die alles umfangende Stille des Dachs der Welt oder an die erhabene Schönheit der Höhe der peruanischen Bergwelt.

Was wir tagtäglich vergessen, ist, daß wir durch und durch aus Energie, aus strahlenden, verschieden geladenen Teilchen bestehen, die auf wunderbare Weise zusammengehalten werden und sich ohne unser Zutun für uns undurchschaubar organisieren. Da wir nur die scheinbar feste Seite dieser Erscheinungen wahrnehmen, vergessen wir, daß wir vom Blickwinkel einer tieferen Ebene aus, ein einzig strahlendes Energiefeld sind; diese strahlenden und organisierten Teilchen bilden - um so weiter wir nach innen schauen - immer größere Zwischenräume, bis die Unendlichkeit der Leere überhand nimmt. So gesehen scheint sich dieser Mikrokosmos in uns dem Bild des Makrokosmos - dem Bild von den Dingen, Planeten und Sternen außerhalb unserer selbst - immer mehr anzunähern, bis beide in der großen Leere der Zwischenräume sich annähernd finden. Auch unsere Gedanken, unser Bewußtsein, unsere Emotionen sind reine Energie, sind unsichtbare Kraftfelder, die wir tagtäglich wie selbstverständlich unbewußt handhaben. Sie sind mit materiellen Mitteln in ihrem Wesen schwer bis nicht faßbar.

Licht hat einen sehr hohen physikalischen, psychologischen, symbolischen, mythologischen und spirituellen Stellenwert. Licht ist Leben. Aber Licht ist auch Spiritualität. So spannt sich der Bogen vom einfachsten Lebensfunken bis hin zum Äußersten: Entwicklungsmöglichkeit.

WOHIN ES GING

Ich sah ein Kind ein Licht tragen.
Ich fragte, woher es das Licht habe.
Das Kind löschte es und sagte:
»Sage Du mir, wohin es gegangen ist.«
(SHAH Idries, <a> S 201)

Auch mit dieser Geschichte läßt sich wunderbar laufen. Man kann die einzelnen Bilder hernehmen und sich auf sie besinnen. Man atmet sprichwörtlich die einzelnen Bilder ein und aus, ein und aus. Konzentriert sich längere Zeit auf sie und läßt sie, ohne darüber nachzudenken, auf sich wirken. So tuend stellt sich mit der Zeit eine andere Art von Wissen ein, ein inneres Begreifen, das durch Erklärungen zwar angesprochen, aber nicht wachgerufen werden kann. Besonders die Stelle, wo das Kind das Licht löscht und die Frage stellt »Sage Du mir, wohin es gegangen ist«, ist eine Schlüsselstelle in diesem beschaulich-meditativen Bild.

Licht ist etwas Wunderbares. Wenn wir am Morgen aus dem Fenster sehen und einen dieser strahlenden Tage des Jahres erleben, löst es in uns ganz eigene Emotionen aus. Am Berg, in einer sternenklaren Nacht, werden wir vom zarten Licht der Sterne überwältigt. Am Meer, wenn die Sonne voll Farbfülle, draußen hinter der Insel langsam untergeht, ihre Strahlen sich brechen und bis in die Schatten hinein verschlingen, werden wir von einer Klangfarbe der Emotion erfaßt, die unser flaches Alltagsleben auszugrenzen scheint. Aber auch das Kind vor dem Christbaum ist überwältigt vom Lichterglanz, es weiß und ahnt etwas vom ursprünglichen Zauber der Innenwelt und wir Erwachsene erleben mit ihm ein Stück dessen mit, was verlorengegangen schien und nun sanft durch den Dämmer heraufschleiert.

17. ÜBUNG »DIE EINZIGE PERLE IN UNS«

a. Man stellt sich eine Perle im solar plexus vor.

b. Durch die Kraft des Atems und der Vorstellung vermehrt und aktiviert man ihre Ausstrahlung beim Ausatmen. Man vermehrt ihren Glanz und ihre zartmilchige Ausstrahlung, indem man in der Ausatmung in sie hineinbläst und ihr Licht dadurch anregt, damit es weiter und weiter ausschwingt, alles rundum erfassend.

> KOMMENTAR UND GESCHICHTEN

Die Perle ist ein Archetyp, ein archetypisches Motiv, ein Symbol der Kraft, das die Menschheit von altersher fasziniert hat. Erinnern wir uns etwa nur der Geschichte in diesem Buch (S 79), wo der Gelbe Kaiser seine Zauberperle verloren hat und nichts, rein gar nichts, sie ihm zurückbringen konnte. Keine Vorstellung, wo sie sein konnte, half, sie zu finden. Nicht das Beste, was er aussandte, um ihrer wieder habhaft zu werden, brachte sie nach Hause in seinen Palast. Aber er wußte, was ihm fehlte und was ihm diese einzige kleine Perle gab. Er wollte ohne sie nicht leben und gab nicht auf, sie zu suchen, sie zu finden: bis Absichtslos diese Einmalige fand und ihr Glanz heimfand, zu ihm.

Diese Perle ist das Licht in der Dunkelheit. Ihre zarte Ausstrahlung in der Tiefe des schwarzdunklen Ozeans, ist so fein, so gewaltig, daß es schier kaum auszuhalten ist. Diese Perle bildet sich zufällig, bildet sich um ein einfaches Sandkorn, bildet sich aus dem Einfachsten und ist doch letztlich die zart strahlende Göttin der Tiefe.

Die Perle erinnert uns an ein Sein in uns. Die Muschel selbst, die sie umschließt, ist faszinierendes Symbol, archetypische Arche. Die Perle in ihr ist ihr Geheimnis, ihre geheime Krönung. Die Muschel kümmert sich nicht um die Perle, sie weiß wahrscheinlich gar nicht einmal, was für einen seltenen Schatz sie in sich trägt. Und dennoch wissen wir, daß die Perlen wahllos am Grunde des Meeres verstreut sind und wenn der Sturm uns in einer dunklen Nacht über Bord unseres Bootes werfen würde, uns bliebe, nach diesen Perlen der Seligkeit zu tauchen.

Die Perle sagt: »Das Höchste ist im Niedrigsten enthalten, das Lichteste im Dunkelsten. Was ist dann noch hoch und niedrig, licht und dunkel?« Die Venus von Botticelli steht in einer Muschel. Ihr Körper bildet gleichsam die Perle und erstrahlt verzaubernd aus der dunkelsten Tiefe des Meeres des Unbewußten.

Manche sagen, das ganze Leben sei nur für die Suche nach dieser Perle geschaffen, sich ihrer Existenz zu entsinnen, sich ihres Lichts zu erinnern. Das scheint stark übertrieben, aber vielleicht könnte es wirklich so sein.

DER MENSCH, EINE PERLE IN WINDELN

Der Mensch ist eine Perle in Windeln.
Die Zeit ist eine Windel.
Der Raum ist eine Windel,
und ebenfalls alle Sinne und die Dinge, die damit wahrnehmbar sind.
Die Mutter weiß nur zu gut, daß die Windeln nicht der Säugling sind.
Der Säugling jedoch weiß es nicht (NAIMY Mickhail, S 55).

Übung Nr. 18

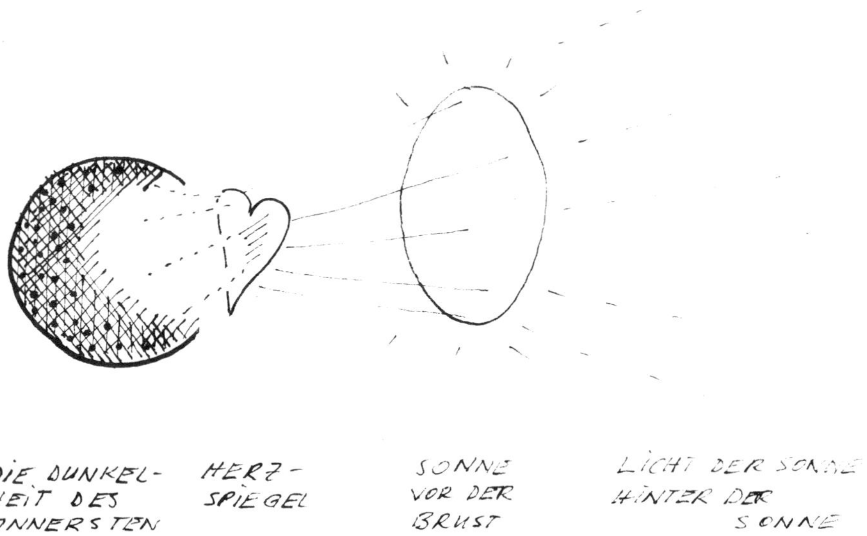

18. ÜBUNG »DAS LICHT HINTER DER SONNE UNSERES HERZENS«

a. Man stellt sich vor der Brust eine große warmleuchtende, pulsierende, orange-rot-goldene Sonne vor.

b. Beim Ausatmen lenkt man den Atem in diese Sonne hinein; man belebt die Sonne, indem man ausatmend in sie hineinbläst, hineinhaucht, so als wollte man ihre strahlende Glut noch mehr entfachen.

Dann zieht man das feine Licht der »Sonne hinter der Sonne«, indem man es durch die vor der Brust vorgestellte Sonne behutsam einsaugt, in sein Herz und in den Raum hinter dem Herzen, in das Dunkel des Innersten.

> KOMMENTAR UND GESCHICHTE

Sonne und Herz sind untrennbar miteinander verbunden. Die Sonne ist das Zentrum unseres Lebens. Viele der höchsten Kulturen, die unseren Planeten bevölkert haben, haben die Sonne in das Zentrum ihres Lebens und ihrer Anschauung gestellt.

Sonne und Gold sind miteinander verbunden. Gold ist das wärmste Metall, es ist das Metall des Herzens, es ist Symbol ungeteilter Hingabe, Hingabe an die unendliche Weite der Leerheit, in der sich höchste Erfüllung aufschwingt, Freude, Glückseligkeit.

Das Christentum hat Hingabe zu stark mit Leid, Folter und Qual verbunden. Vom Prinzip her stimmt ja, daß zu einem reifen Leben die Einsicht gehört, daß es günstig ist, Schmerz und Leid anzunehmen und diese in der Annahme zu meistern. Menschen, die das Schmerzliche und Leidvolle ihres Lebens verdrängen, leiden wirklich. Sobald jedoch das Verletzende und Schmerzvolle der persönlichen Lebensgeschichte angenommen werden kann, kann man zusehen, wie Menschen aufblühen, wie Gesichter aufleuchten, wie die strahlende Freude des Lebens diesen Körper zu durchdringen beginnt: Lebensfreude. Dies ist ein mit der Vernunft schwer zu begreifendes Paradox und eines der großen Geheimnisse des Lebens.

Die Sonne ist das Symbol der Verbindung, Symbol der innigen Umarmung, der seligen Verschlingung, der Einswerdung. Einem anderen Menschen zu sagen »Du bist die Sonne

meines Lebens« ist wohl das Höchste und Äußerste. Die Sonne ist das Zeichen ewiger Kraft, die Sonne wärmt, heilt und schafft. Die Sonnenstrahlen sind die Bedingung des Wachstums, ein wesentlicher Indikator der Umwandlung von Nichts zu Etwas, von Etwas zu Nichts. Die Sonne ist Symbol des wahren Selbst, des Archetypus des Christos, Buddhas, Avalokiteshvaras, des ägyptischen Re, der Animaarchetypen der Maria, Hekate, Hera, Nuth und Isis in uns.

Das Herzchakra ist energetisch mit der Sonne verbunden. Es bildet genau die Mitte der Chakrenreihe - nach unten sind drei Chakren und nach oben sind drei Chakren angelegt; das Herz verbindet, verschmilzt, integriert, vermischt Erde und Himmel, Boden und Luft, Materie und Geist, Yin und Yang; in ihm spiegelt sich das unbegreiflich Erfahrbare, so wie im Rätsel der Liebe alltäglich sichtbar gezeigt.

Qualitäten des Herzens sind kraftvolles Mitgefühl, Weitherzigkeit, Großzügigkeit, Güte, wirkliches Verständnis, Warmherzigkeit, Hingabe- und Liebesfähigkeit, die Fähigkeit zu vergeben und zu verzeihen, gleichwertige Annahme aller Wesen dieses Planeten, Respekt und Hochachtung vor dem Wunder des Lebens.

WENN DU LIEBST, SO LIEBE OFFEN

Zwanzig Mönche und eine Nonne, die Eshun hieß, übten die Meditation bei einem bestimmten Zen-Meister.

Eshun war sehr hübsch, obwohl ihr Kopf geschoren und ihr Gewand einfach war. Mehrere Mönche verliebten sich heimlich in sie. Einer von ihnen schrieb ihr einen Liebesbrief und bat um ein Stelldichein.

Eshun antwortete nicht. Am folgenden Tag gab der Meister der Gruppe eine Unterweisung, und nachdem diese vorüber war, erhob sich Eshun. Sie wandte sich an den Absender des Briefes und sagte: »Wenn Du mich wirklich so sehr liebst, so komm und umarme mich jetzt.« (REPS Paul, S 26)

19. ÜBUNG »SONNENLICHT IN DER GLUT UNSERES HERZENS«

a. So wie in der vorhergehenden Übung wird das Licht der Sonne hinter der Sonne in die Brust eingesaugt, man zieht die feine Energie dieses Lichts in sein Herz und ins Innerste hinein.

b. Dann stellt man sich vor, daß sich in der Brust, im Zentrum des Herzens eine kleine Glut befindet. Ausatmend bläst man nun diese Glut an; man stellt sich vor, daß man diese Glut dadurch, daß man in sie in der Ausatmung hineinbläst, leicht zum Auflodern bringt. Es ist wie bei einer richtigen Glut: bläst man zu stark, so kann die Flamme des Feuers nicht aufflackern. Wenn man in der richtigen Weise dosiert hineinbläst, dann wird die Glut aufglosen und die Flammen aus der Glut emporzüngeln, emporsteigen, die Wärme sich ausbreiten.

c. Atmung: man kann entweder in einem vollen Atemzug vorgehen, indem man beim Einatmen das feine Licht einzieht, beim Ausatmen die Glut des Herzens anbläst; oder man arbeitet in zwei vollen Atemzügen - mit dem ersten Atemzug atmet man in die Sonne hinein und zieht das feine Licht ein und im nächsten vollen Atemzug facht man die Glut des Herzens an.

> KOMMENTAR UND GESCHICHTE

Die folgende Geschichte über Diogenes zeigt diesen alten Philosophen, wie er in die Sonne verliebt ist. Es wird von ihm gesagt, daß er seinen Platz so ausgesucht hat, daß er sich ausschließlich auf die Sonne ausrichten konnte, den ganzen Tag lang. Um das Ausrasten geht es in dieser Metapher sicher nicht.

VON ALEXANDER UND DIOGENES

Saturnus, der Philosoph, schreibt uns, daß Diogenes freiwillig so arm war, daß er nichts besaß als eine Tonne: diese stand in einem Wald; er aber wohnte darin und hatte sie so gestellt, daß die Sonne den ganzen Tag hineinschien: drinnen aber saß er den ganzen Tag lang.

Nun begab es sich eines Tages, daß der große Kaiser Alexander mit seinem Gefolge zu ihm ging und sich mit ihm unterreden wollte. Dabei stellte der große Alexander sich so vor ihn hin, daß die Sonne Diogenes nicht mehr bescheinen konnte.
Wie Alexander der Große so vor ihm stand, sagte er zu Diogenes, er möge von ihm bitten, was er wolle, es solle ihm sogleich gewährt sein.
Da antwortete ihm Diogenes: »So bitte ich Dich um weiter nichts, als daß Du mir nicht nimmst, was Du mir doch nicht geben kannst.«
Da fragte ihn Alexander, was das sey, was er ihm nicht zu geben vermöge.
Und Diogenes sprach: »Meine Bitte besteht darin, daß Du nicht zwischen mich und die Sonne trittst, sodaß Du mir ihren Schein entziehst, den Du mir doch nicht zu geben imstande bist.«
Und also schied Alexander von ihm (GESTA ROMANORUM, S133).

Dieses eigenartige Tun des Diogenes ist ein Wink mit dem Zaunpfahl. Das Zurückweisen des Kaisers dünkt vordergründig närrisch, aber genau dieses sonderbare Verhalten beinhaltet den kleinen großen Wink. Warum war Diogenes der Bezug zur Sonne so wichtig? Warum war ihm die Verbindung zur Sonne wichtiger, ja entschieden wertvoller als eine Verbindung zu Kaiser Alexander dem Großen? Diogenes war kein Faulenzer und er war sicher in jenem Moment nicht launisch. Er war ein bedeutender Philosoph und Alexander wollte von ihm etwas Wichtiges erfahren und das Wichtigste sagte ihm Diogenes auch: Was die Besinnung, die innere Anschauung der Sonne Diogenes geben kann, kann ihm ein Kaiser niemals geben.
Nachdem er diese Botschaft Alexander vermittelt hatte, schied Alexander respektvoll mit seinem ganzen Gefolge von ihm.

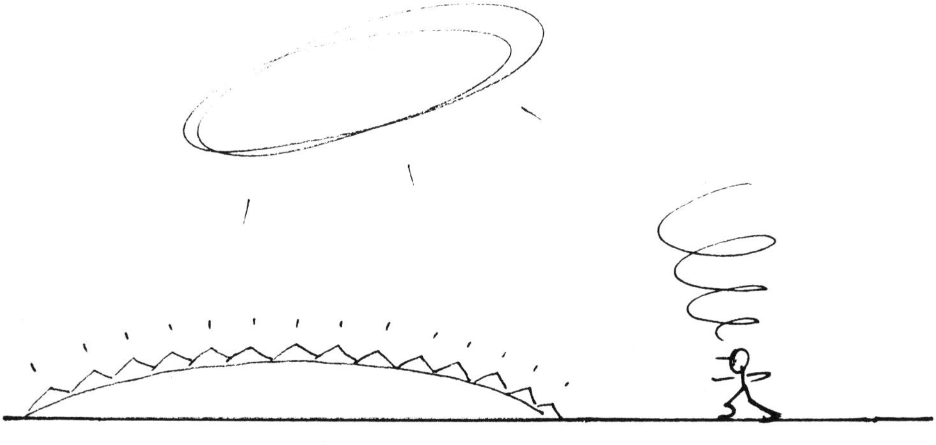

20. ÜBUNG »TREFFPUNKT STERNENGLANZ«

a. Man stellt sich die Weite des dunklen Sternenhimmels vor sich vor. Man atmet die Energie und Strahlung dieser Sterne und Sternenbahnen, die während des Laufens vor dem inneren Auge erscheinen, in seinen Körper ein und sendet die Luft des Ausatmens wieder dorthin. Man läßt die Amplitude des Atems immer weiter in den Raum hinausgreifen, so daß man in der inneren Vorstellung bis an die Grenzen der Endlichkeit des Raumes stößt. Immer kleiner und vereinzelter werden die Sterne, immer feiner der Glanz ihrer Ausbreitung.

b. Dann stellt man sich die Sterne und fernen Galaxien über sich vor und lenkt den Atem auf sie.

c. Dann stellt man sich die Sterne hinter sich vor und atmet ihr Licht durch den Rücken ein.

d. Als nächstes stellt man sich die Sterne unter sich vor und läuft trotzdem mit festen Schritten wie auf unsichtbarer Bahn durch den Sternenraum, das Licht, die feine Energie dieser Sternenwesen in sich einsaugend und ausatmend, die Sternenbahnen mit seinem Atem belebend.

e. Zuletzt stellt man sich vor, daß rundum Sterne und Galaxien sind; man atmet ihr Licht sehr konzentriert in sich ein und strahlt es wieder zu ihnen aus und zurück, so daß man selbst in der inneren Anschauung wie eine Zelle zu pulsieren beginnt.

Kommentar zur Übung: Es ist günstig, alle Positionen rundum durchzuprobieren und darauf zu achten, welche räumliche Anordnung einen in der inneren Emotion am meisten ansprechen; dort verweilt man, konzentriert atmend.

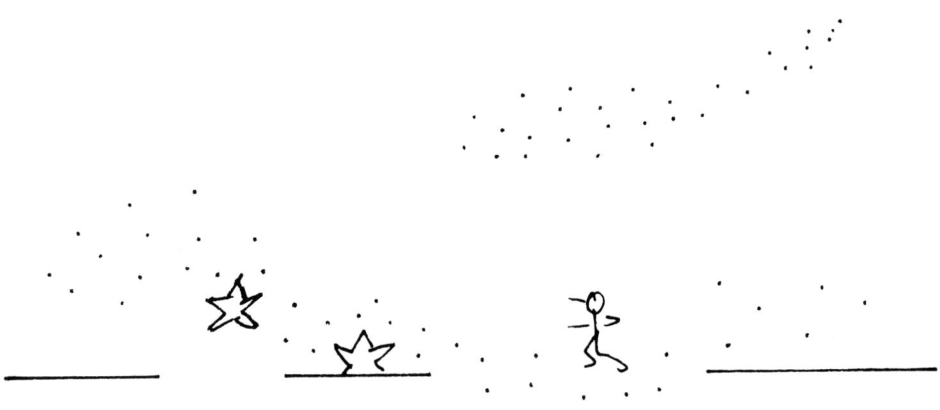

Ich habe die Sterne gemacht.
Ich habe die Sterne gemacht
und setzte sie über die Erde.
Ich machte alle Dinge,
die oben sind
und ließ sie dort,
damit sie leuchten.

Dieses Gedicht der Pimaindianer - das einzige Gedicht, das ich auswendig kann - sagt viel aus über das Wesen der Sterne und über die Emotion, die sie in uns auszulösen vermögen. Die Sterne zeigen uns unsere menschliche Begrenztheit, aber sie zeigen uns auch den Raum erhabener Möglichkeiten. Etwas klingt in diesem einzigartigen indianischen Gedicht, es ist der Klang einer tiefen Sehnsucht. Es trifft einen Ton, der von vielen Menschen nicht mehr gehört wird, es ist wie ein Ruf, der uns hineinzieht in eine stille Welt voll Glück und Beschaulichkeit.

Wir haben die Beziehung zu den Sternen verloren, man hat die Sterne in die Kinderbücher gesteckt. Vor mehr als zwanzig Jahren verbrachten wir in Israel verbotenerweise -mit einer Packung Keks, einem Schlafsack und einer Wasserflasche - eine Nacht auf Masada. Masada ist eine Stadtfestung mitten in der Wüste, direkt am Toten Meer. Die Erhebung, auf der Masada erbaut wurde, ragt direkt aus der Wüste zirka dreihundert Meter hoch empor. Der Anstieg ist also nicht allzu hoch, aber in dieser Wüstenglut wird der Weg länger und länger und wir standen bald unter Wasser, waren nach nur ein paar Schritten schweißgebadet. Aber dann, ganz allein an diesem wunderschönen irdischen Platz waren wir wie verzaubert. Die Weite des sternenklaren Himmels über uns und unter uns die mondbeschienene Haut der Wüste, gegen Osten die Glätte des Toten Meeres und hinter ihm das Jordanische Gebirge, senkrecht aus dem jenseitigen Ufer emporwachsend. Es war uns, als ob man uns direkt in den Sternenraum hineingesetzt hätte, wir fühlten uns ausgesetzt auf einen anderen Planeten, hineingestellt in eine tiefe Stille, die so machtvoll war, daß es uns fast schreckte. Es war wunderbar. Seit damals habe ich vielleicht etwas von dieser ewigen Emotion der Sterne, von ihrem Zauber und ihrem Glanz, ihrer sich stetig neu schaffenden Kraft verstanden.

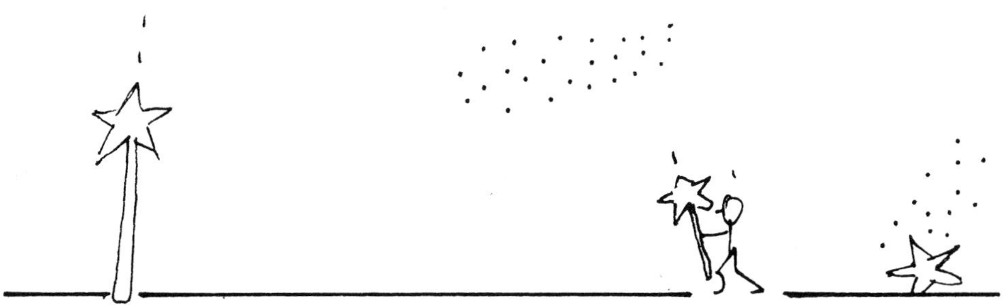

Man sagt, ein jeder Mensch sei ein Stern. Der »Kleine Prinz« von Saint-Exupéry ist zum Beispiel ein Wesen, das mit seiner geliebten Blume einen Stern bewohnt. Sterne sind ein Symbol des Glücks und der Glückseligkeit. Sterne lassen den Zauber der Innenwelt aufblitzen. Die Mayas zum Beispiel hatten eine intensive Beziehung zu den Sternen, zum Weltall, zum Universum, zum Kosmos. Sie meditierten das »Heilige G«; das »Heilige G« war ihr Symbol für die Milchstraße. Auf ihren Pyramiden und sakralen Bauten sieht man das »Heilige G« abgebildet, das, was kaum von der Hand zu weisen ist, einige Beziehung mit der Universalität des Symbols der Spirale aufweist.

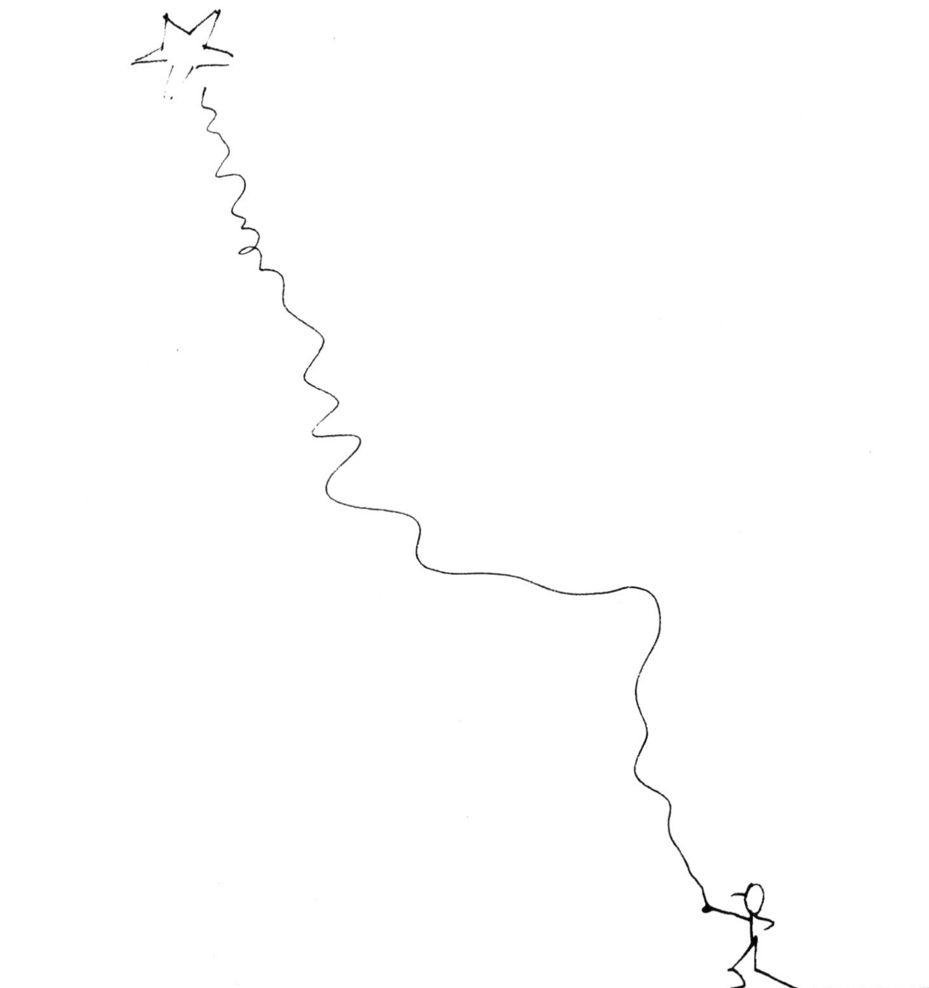

21. ÜBUNG »DAS LICHT AM ENDE DES UNIVERSUMS«

a. Man stellt sich das Ende des Universums vor, dort wo die Vorstellungen vom Geformten, von sichtbarer Materie zu Ende gehen.

b. Hier am Rand des Sichtbaren stellt man sich ein sehr fein schwingendes Licht vor, das aus dem Nichts auftaucht.

c. Man atmet dieses Licht von weither in seine Zellen ein und strahlt es wieder dorthin aus, wo es hergekommen ist: in die Unendlichkeit des ewigen Nichts.

> KOMMENTAR

Denkt man an eine unserer Körperzellen, also ins Mikrokosmische hinein, so entdeckt man schon auf physikalischer Ebene, daß die Materie an irgendeiner undefinierbaren Stelle in Energie übergeht und umgekehrt. Jede unserer Zellen besteht im mikrokosmischen Bereich aus strahlenden Teilchen, entpuppt sich als eigenes, unerschöpfliches, strahlendes Universum.

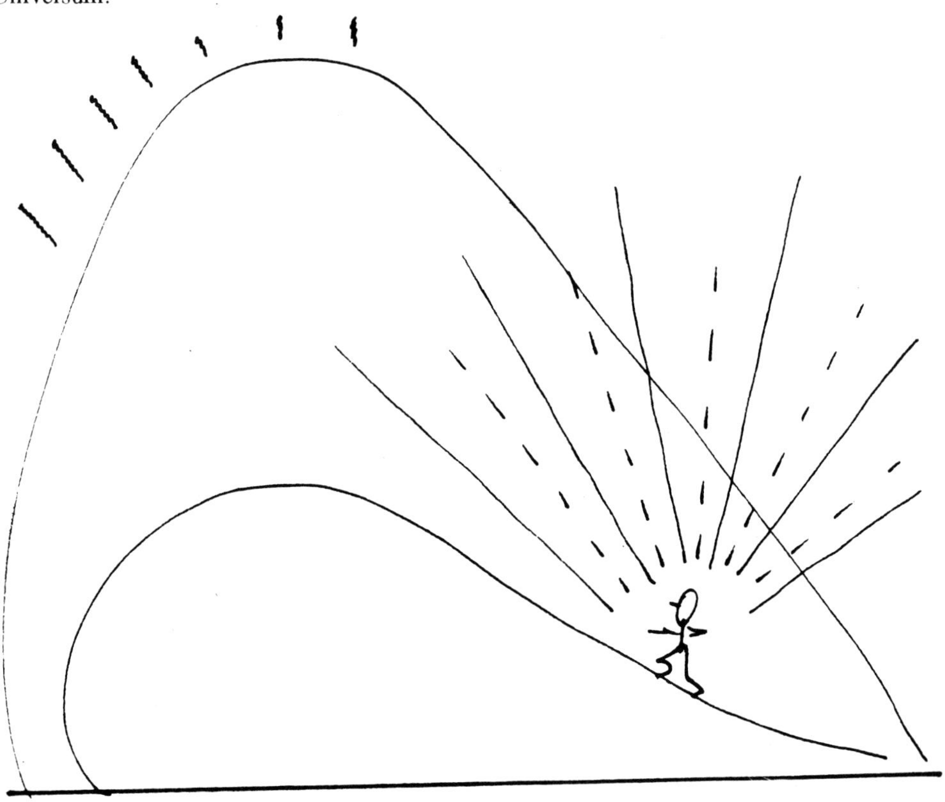

22. ÜBUNG »DER ATEM DER VIER ELEMENTE«

a. Element Erde

Man stellt sich vor, durch eine Gegend zu laufen, wo die Erde nach einem Regenguß stark riecht und duftet. In der vollen Konzentration auf diese frische Erde atmet man nun das Element Erde ein und aus (ein paar Minuten lang).

b. Element Wasser

Man stellt sich zum Beispiel vor, im flachen Salzwasser am Strand des Meeres zu laufen, wo das Wasser zwei, drei Zentimeter tief ist und atmet dabei geistig das Element Wasser ein und aus, läßt möglichst keine Gedanken dazwischentreten, bleibt unablässig in der inneren Anschauung dieses Elements.

c. Element Feuer

Man visualisiert eine Landschaft mit sehr hohen Bergen, vielleicht in Tibet, wo ein schmaler, sich windender Weg einen langen Grat entlangführt. Man trabt diesen Höhenweg, dem Himmel sehr nahe und atmet das Element Luft. Man stellt sich vor, auf einem schmalen gewundenen Weg durch eine Landschaft zu traben, wo links und rechts Feuersäulen aufsteigen, eine Art Geysirlandschaft, wo es aus der Erde dampft und Feuer aus Spalten im Boden himmelwärts schießt.

Oder man stellt sich vor, im Glutofen der Weite einer Wüstenlandschaft zu laufen, wo die letzten Reste von Büschen durch die umgebende Hitze zu brennen beginnen und atmet das Element Feuer ein und aus.

d. Element Luft

Man visualisiert eine Landschaft mit sehr hohen Bergen, vielleicht in Tibet, wo ein schmaler, sich windender Weg einen langen Grat entlangführt. Man trabt diesen Weg, dem Himmel sehr nahe, und atmet das Element Luft.

Wie man sagt, ist der Atem der vier Elemente eine sehr alte zoroastrische Übung. Zoroaster war ein Weiser, der im Mittleren Orient, im persischen Raum lebte.

Diese Übung ist günstig an den Anfang einer meditativen Laufsequenz zu stellen. Man arbeitet damit den Körper energetisch von unten nach oben durch. Die Bilder sind Hilfsmittel, um die Elemente in der inneren Anschauung leichter aufleuchten zu lassen. Wer genug Zugang spürt, für den reicht es aus, sich nacheinander auf die einzelnen Elemente zu konzentrieren und den Atem bei diesen Elementen ruhig und gleichmäßig zu halten.

Das »Element Erde« energetisiert den untersten Anteil des Körpers; auf der Energieebene gesagt, die untersten Chakras, besonders das Basalchakra, das sich im Beckenboden nach unten öffnet. Das »Element Wasser« wirkt besonders auf das Chakra des solar plexus, das »Element Feuer« regt das Herz-, Hals- und Stirnchakra an, das »Element Luft« wirkt im obersten Bereich, besonders im Bereich von Hals-, Stirn- und Kronenchakra.

Wer sich hinsetzt und im Sitzen diese Elemente meditierend durchgeht, wird die unterschiedlichen Anregungen der einzelnen Energiezentren, soferne er offen und sensibel dafür ist, selbst erfahren und nachspüren können.

(Wer Genaueres über die Chakren lesen möchte, dem empfehle ich: SHARAMON Shalila. und BAGINSKI Bodo J. »Das Chakra-Handbuch« und PANDIT M.P. »Kundalini-Yoga«).

Die Kraft des Atmens ist oft beschrieben worden. Die Wissenschaft vom Atem ist eine der höchsten. Aber die Wissenschaft vom Nicht-Atem ist ebenso hoch. Daß die Beschäftigung mit dem Atem von so entscheidender Bedeutung sein kann, versteht nur, der sich damit lange beschäftigt. Hiebei geht es nicht um rational-physiologische Ebenen der Einsicht, die für sich schon entscheidend für die intensive Beschäftigung mit der Atmung plädieren; es geht um Bedeutungsräume, die jenseits des Logozentrischen liegen. Die »Großen Wellen« in der folgenden Zen-Geschichte sind die Wellen des Atems, die Wellen des Großen.

GROSSE WELLEN

In den frühen Tagen der Meiji-Zeit lebte ein bekannter Ringer namens O-nami, »Große Wellen«. O-nami war ungeheuer stark, und er beherrschte die Kunst des Ringens. In seinen privaten Kämpfen schlug er sogar seinen Lehrer, aber in der Öffentlichkeit war er so schüchtern, daß seine eigenen Schüler ihn besiegten.

O-nami fühlte, daß er sich an einen Zen-Meister um Hilfe wenden müsse. Hakuju, ein wandernder Lehrer, hatte in einem nahen Tempel Rast gemacht. O-nami machte sich auf den Weg, um ihn zu treffen und ihm seinen Kummer vorzutragen.

»Große Wellen ist Dein Name«, sagte der Lehrer. »Bleib heute Nacht in diesem Tempel. Stelle Dir vor, daß Du diese Welle bist. Du bist nicht länger ein Ringer, der sich fürchtet. Du bist diese mächtigen Wogen, die alles vor sich herwälzen, die alles verschlingen, was sich ihnen in den Weg stellt. Tu das, und Du wirst der größte Ringer im Lande sein.«

Der Lehrer zog sich zurück. O-nami setzte sich zur Meditation nieder und versuchte, sich selbst als Wogen zu fühlen. Er dachte an viele verschiedene Dinge. Dann verwandelte sich sein Gefühl stufenweise mehr und mehr in das von Wogen. Als die Nacht voranschritt wurden die Wogen höher und höher, sie schwemmten die Blumen aus ihren Vasen, sogar der Buddha im Schrein wurde überflutet. Bevor die Dämmerung kam, war der Tempel nichts anderes mehr als Ebbe und Flut eines ungeheuren Meeres.

Am Morgen fand der Lehrer O-nami in Meditation, mit einem zaghaften Lächeln auf dem Gesicht. Er schlug dem Ringer auf die Schulter. »Jetzt kann Dich nichts mehr erschüttern«, sagte er. »Du bist diese Wellen. Du wirst alles vor Dir herwälzen.«

Am selben Tag nahm O-nami an einem Ringerwettstreit teil und gewann. Danach war keiner mehr in Japan in der Lage, ihn zu besiegen (REPS Paul, S 27).

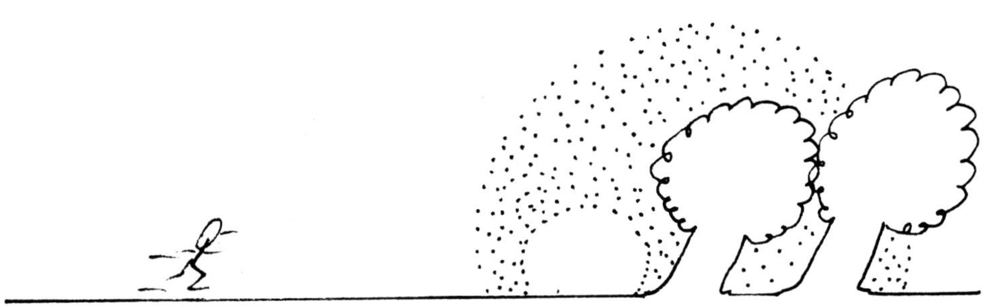

23. ÜBUNG »VOM ATEM GEATMET WERDEN«

Das Leben ist uns geschenkt.
Das Leben lebt sich im Atem.
Versteht man den Atem,
versteht man sein Leben.
Dies kleine Leben, - im Atem des Großen.

a. Sich auf das Aus- und Einatmen konzentrieren. Darauf hören, wie der Atem kommt und geht, kommt und geht.

b. Sich klarmachen, daß man geatmet wird, daß uns dieser Atem für eine gewiße Zeit geschenkt worden ist, ein Geschenk, mit dem man unterschiedlich umgehen kann, bewußt...oder achtlos. Vom Atem geatmet werden.

c. Dann im Atmen sich auf die Frage konzentrieren »Wohin geht dieser Atem?« »Wohin geht er, wenn er ausströmt (ich ihn entlasse), wenn er in mich einströmt (ich ihn aufnehme)?«

> KOMMENTAR

Man sagt, die Wissenschaft vom Atem sei die höchste Wissenschaft überhaupt. In vielen der Schöpfungsmythen, die mit zum Tiefsten gehören, was die Menschheit aus ihrem Bewußtsein je hervorbrachte, ist Leben und Atem ins Eine gebracht, Lebensatem, Odem. Einer Form aus Lehm wird der Odem eingehaucht, oder später wird der Rippe Adams der Atem eingehaucht. Ob ein Mensch noch lebt, prüft man schnell, ob er noch atmet. Ob ein Mensch lebendig ist, prüft man, ob er bewußt atmet.

Was wir oft übersehen, ist: wir atmen nicht, wir werden geatmet, wir sind tatsächlich Wesen, denen immer und stetig der Atem eingehaucht wird. Wir vergessen oft aus Unwissenheit und öfter noch aus Gründen der Selbstherrlichkeit, daß dies so ist. Wir glauben, daß

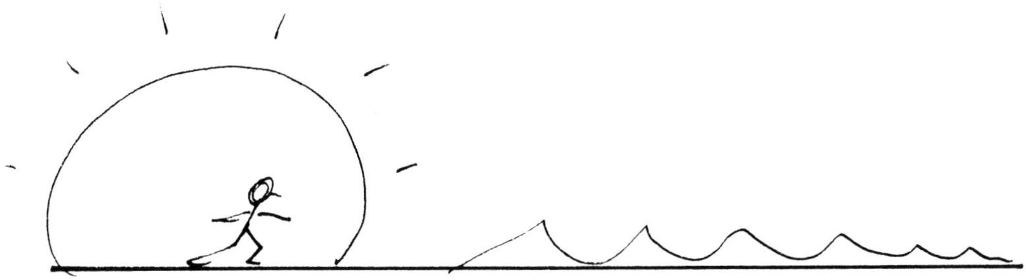

wir die Macher, wir die Planer, wir die Akteure auf der Bühne des Lebens sind. Wenn wir uns bewußt den Vorgang des Atmens ansehen, sind wir es dann wirklich noch?

Wir werden ständig geatmet. Solange wir leben, haben wir keine Freiheit zu sagen, ob wir atmen wollen oder nicht. Wir haben eine gewisse Freiheit, den Atem zu verlangsamen, einzuschränken, anzuhalten, zu beschleunigen, zu vertiefen, und unsere Freiheit liegt teilweise darin, unseren Atem zu lenken, auf bestimmte Inhalte zu richten und seine emotionale Qualität teilweise zu wählen.

24. ÜBUNG »PRAJNA SAMMELNDER ATEM«

> EINFÜHRENDER KOMMENTAR UND GESCHICHTE

Bedenkt man das Atmen, den Atemfluß, den Rhythmus des Strömens, des fließenden Seins in uns, kommt man irgendwann vielleicht zur Vorstellung, daß dieser unser Atem eigentlich der Atem des Göttlichen in uns ist, daß das Göttliche in uns atmet, und daß das Atmen selbst etwas begeisternd Himmlisches sein kann. Darauf gründet die Prana-Atmung.

Viele Menschen sind Sammler. Manche sammeln Bierdeckel, Zündholzschachteln, Automarken, Frauen, andere sammeln Verletzungen, Gründe für Vorwürfe, andere sammeln Schuldgefühle, Waffen, Parfumfläschchen; die nächsten sammeln Bierflaschen, Moneten, Erste Plätze, Siege, manche sammeln Erkenntnisse, Geschichten, Einsichten, Wissen und so weiter. Das eine steht fest: »Sammeln« ist an und für sich ein Tun von hoher Qualität; der nächstwichtige Punkt, der gerne übersehen wird, ist, was gesammelt wird. Vom Interesse und Vorliebe des Sammlers hängt vieles wesentlich ab.

In der folgenden Geschichte wird von einem Mann ein ganz seltenes Wasser gesammelt. Der soziale Druck, der auf solch einem Sammler lastet, kann natürlich sehr groß werden. Denn wie sollte es auch so ein seltsames Wasser wirklich geben? Aber wirkliche Narren halten im Unterschied zu Verrückten dem sozialen Druck leicht stand.

ALS DAS WASSER AUSGETAUSCHT WURDE

(von Dhun-Nun, dem Ägypter, gestorben 860 n.C.)

Einst wandte sich Kidhr, der innere Führer der Urlandschaften der Seele, mit einer Warnung an die Menschheit. An einem bestimmten Tage, so sagte er, werde alles Wasser der Welt, das nicht auf eine bestimmte Weise gesammelt wurde, verschwinden. Es werde dann jedoch durch ein anderes Wasser ersetzt, das den Menschen stumpf oder verrückt macht.

Nur ein einziger Mann erkannte die Bedeutung dieses Rates und ging daran, ihn zu befolgen. Er sammelte Wasser, lagerte es an einem sicheren Ort und wartete darauf, daß das Wasser sich verändere.

Zur angekündigten Frist hörten die Flüsse auf zu fließen und die Brunnen trockneten aus. Als der Mann, der Khidr gehorcht hatte, sah, wie sich dies alles ereignete, ging er zu der

geheimen Stätte und trank von nun ab nur von dem Wasser, das er gerettet hatte.

Nach einiger Zeit bemerkte er von seiner sicheren Zuflucht aus, daß die Flüsse und Wasserfälle wieder zu strömen begannen, und er stieg zu den anderen Menschen hinab. Da mußte er feststellen, daß sie völlig anders dachten und sprachen als früher. Sie erinnerten sich weder an das, was sich zugetragen hatte, noch daran, daß sie gewarnt worden waren. Als er versuchte, mit ihnen zu sprechen, mußte er feststellen, daß sie ihn für verrückt hielten. Sie zeigten sich ihm gegenüber feindselig bis mitleidig oder verstanden ihn nicht.

Anfangs trank er nicht von dem neuen Wasser; er kehrte jeden Tag zu seinem Versteck zurück, um sich mit dem selbst gesammelten Wasser zu versorgen. Weil er jedoch mit der Zeit die Einsamkeit nicht mehr ertragen konnte, dieses Leben, in dem er sich so anders benahm und so anders dachte als alle anderen, entschloß er sich am Ende doch, auch von dem neuen Wasser zu trinken. Er trank das neue Wasser und wurde genauso wie die anderen Menschen.

Schließlich vergaß er auch völlig den eigenen geheimen Wasservorrat, und seine Mitmenschen betrachteten ihn bald als einen, der verrückt gewesen war, aber auf wunderbare Weise seine geistige Gesundheit wieder erlangt hatte (SHAH Idries, <b> S 30).

> BESCHREIBUNG DER ÜBUNG

a. Man beginnt sich zuerst nur auf die Atmung zu konzentrieren, auf das Strömen des Atemvorganges, einatmen, ausatmen, einatmen, ausatmen...

b. Dann konzentriert man sich auf die Vorstellung, daß man mit der Atmung eben die göttliche Energie - prana, wie der göttliche Atem von den Indern genannt wird - einatmet und in sich durch den Atemvorgang ruhig einsaugend sammelt. Man bleibt bei der Vorstellung, daß der Atemvorgang etwas Göttliches ist und daß man durch das Atmen die göttliche Lebensenergie, die alles hervorbringt, erhält und wieder auflöst, angeschlossen ist.

c. Man läßt den Körper durch Haltung und Bewegung und durch kraftvolle Vorstellung zu einem Gefäß werden, das diese himmlische Energie in sich aufnimmt und sammelt und das dieses göttlichen Atems würdig ist.

d. Wem es schwer fällt, sich auf eine göttliche Lebensenergie zu konzentrieren, der kann sich auch vorstellen, daß diese Luft, die wir atmen, seit Jahrhunderten und Jahrtausenden auch alle weisen Frauen und Männer geatmet haben, und daß das Wesen ihres reinen Herzens und vollendeten Daseins in dieser Luft, die unseren Planeten einhüllt, für uns erreichbar enthalten ist.

> KOMMENTAR

Mythologisch wird der Körper oft als Gefäß dargestellt. Wertvolle, vergoldete Schalen, Behältnisse und Kelche stehen bereit. Sie sind Behältnisse, hergestellt aus dem Allerbesten, aus dem Wertvollsten und Feinsten, was der Mensch zu schaffen vermag, um das Allerfeinste, Wertvollste und Allerheiligste würdig und leicht aufzunehmen.
Bevor man diese Übung macht, ist es günstig, andere Reinigungs- und Sammlungsübungen, wie die der Übung Nr. 22 »Der Atem der vier Elemente« vorbereitend durchzuführen.

25. ÜBUNG »LAUFE SO, DASS DU GELAUFEN WIRST«

a. Man startet los und achtet dann darauf, daß man ein Tempo einschlägt, wo man sich nicht dauernd mächtig antreibt, sondern wo man das Gefühl hat, daß man sich in Bewegung hält, aber es dabei laufen läßt.

b. Dann beschäftigt man sich mit dem Bild und Vorsatz »Laufe so, daß Du gelaufen wirst«. Man beschäftigt sich im Laufen mit den Themen »Aktivität und Geschehenlassen, Laufen und Gelaufen/Bewegt werden«. Man konzentriert sich ausschließlich auf diesen Vorsatz »Laufe so, daß Du gelaufen wirst.«

> KOMMENTAR

Mit der Konzentration auf den Vorsatz »Laufe so, daß Du gelaufen wirst« wird man neue Entdeckungen machen, etwas für sich herausfinden, was im Lesen nur schwer erfaßbar ist. Also nicht unverständig den Kopf schütteln, sondern das unmöglich Scheinende ausprobieren.

Ein Hintergrund zu dieser Übung ist die Tatsache, daß viele Menschen es unentwegt unglaublich eilig haben und sich permanent antreiben, den optimalen Rhythmus des Lebens ständig übersehen. Gelassenheit und Gleichmut sind Qualitäten des Gleichklangs. Mir geht es so, wenn ich diese Laufübung mache, daß ich plötzlich ganz auf das Laufen vergesse, daß ich vielleicht selig bewußt atme, den Rhythmus von Bewegung und Atemstrom erlebe, einen Kilometer gelaufen bin, ohne zu wissen wie ich diese Strecke zurückgelegt habe. Nach solchen Läufen erlebe ich die Erholung und Entspannung besonders intensiv.

Diese Laufübung hat mit dem interessanten Thema »Verzögerung« zu tun. Verzögerung hat im Grunde nichts mit Geschwindigkeit zu tun. Verzögerung hat mit Bewußt-seinser-

weiterung, mit Lebensintensität und dem Wechsel des Bewußtseinszustandes zu tun. Wir gehen oft unbewußt davon aus, daß es nur ein Bewußtsein gibt. Es gibt jedoch ganz verschiedene Bewußtseinsbereiche, so wie es in einer Landschaft voneinander ganz unterschiedliche Landstriche gibt.

Die innere Erfahrung der Verzögerung ist nur möglich, wenn man rationale Vorsätze in sich zum Schweigen bringt, wenn die unkontrollierte Entfaltung der Gedankenketten und das Springen der Gedanken verlangsamt wird. Verlangsamen wir das Springen und Davonlaufen der Gedanken und unterstützen wir andererseits die gerichtete Funktion der bewußten Beobachtung und Achtsamkeit, wird mit der Zeit eine Welt von bisher unbekannter Sinnhaftigkeit auftauchen.

Sich verzögert zu bewegen bedeutet, in besinnlicher Anschauung des Lebens zu verweilen, und sich auf diesem goldenen und schmalen Seil balancierend nicht zu erlauben, nur einen Schritt breit abzuweichen. Durch die Verzögerung öffnet man das Bewußtsein weit, hin zur Erkenntnis des Ganzen (Ganzwahrnehmung), hin zu einer größeren Tiefe des Gesehenen, hin zu neuen Bewußtseinsbereichen und Emotionen von unbekannter Dimension.

Verzögerung erreicht man durch Konzentration auf verinnerlichende Motive, Ziele, Inhalte, so wie in dieser Laufübung.

26. ÜBUNG »WOHIN ORIENTIEREN SICH DIESE BÄUME UND ÄSTE?«

a. Im Laufen längere Zeit einfach die umstehenden Bäume betrachten. Man beschäftigt sich ausschließlich mit dem Wesen der Bäume, ihrer Strukturiertheit, ihrer Emotionalität, ihrer Ausstrahlung, der Beschaffenheit ihres Baumkörpers, ihrer eigenen Blattstruktur, ihrer je eigenen Verästelung, ihrer unterschiedlichen Art von Ausstrahlung.

b. Mit dem Atem zu den Bäumen hinatmen und mit dem Atem gleichsam in die Bäume hineinatmen. Sich vorstellen, daß die Bäume etwas ausstrahlen und diese Botschaft, die von ihnen ausgeht, intensiv in sich einsaugen. Wahrnehmung und Atmung immer mehr eins werden lassen.

c. Wenn das Vorhergegangene gut gelingt, dann beginnt man innerlich die Frage dazu zu stellen »Wohin orientieren sich diese Bäume und Äste?« und läßt diese Frage in einem tiefe Wurzeln schlagen. Dabei einzelne Bäume oder einzelne Äste intensiv beatmend anschauen und das aufkommende Darübernachdenken sanft, aber entschieden beiseite stellen.

> KOMMENTAR UND GESCHICHTEN

Wichtig ist bei dieser Übung, daß man nicht rational über diese Frage der Orientierung »Wohin orientieren sich diese Bäume und Äste?« nachdenkt. Vielmehr sucht man die Antwort auf diese tiefe Frage direkt durch die Anschauung selbst. Man beantwortet die Frage nicht, man läßt sie durch die Anschauung des Wesentlichen, durch die Anschauung des Wesens beantworten.

Einen Gegenstand ansehen und über ihn nachdenken oder aber ihn durch intensive innere Anschauung zu betrachten, sind zweierlei. In beiden Fällen müssen wir zuerst einen Gegenstand überhaupt wahrnehmen, bevor wir ihn näher ansehen oder ihn intensiv betrach-

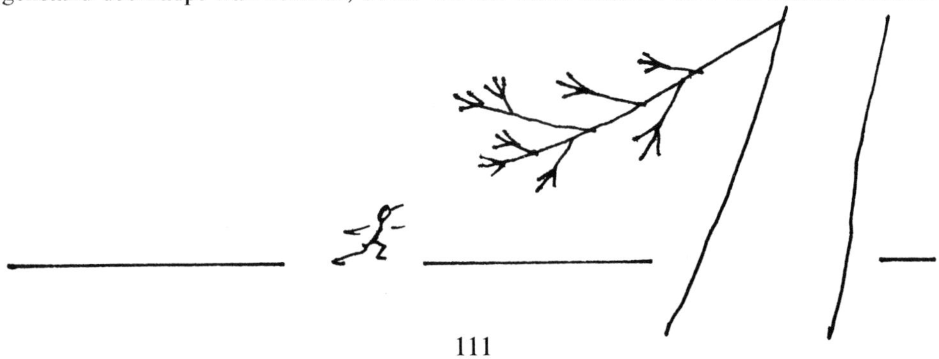

ten. Sobald man über das genau Wahrgenommene nachzudenken beginnt, fällt man aus der unmittelbaren, intensiven Anschauung heraus.

Wahrnehmen, genau ansehen, nachdenken und verinnerlichendes Anschauen sind als Bewußtseinsakte zu unterscheiden.

Die verinnerlichende Anschauung ist bei uns Mitteleuropäern wenig gebräuchlich. Aus logozentrischen Gewohnheiten heraus sind wir gewohnt, beim genauen Ansehen stehenzubleiben, und dieses für die äußerste und letzte Möglichkeit zu nehmen. Um wirklich zu verstehen, ist es notwendig, bereit zu sein, ganz zum anderen Wesen zu werden, sich mit dessen ganzem Sein zu identifizieren und die Subjekt-Objekt-Grenze vorübergehend ganz aufzuheben. In diesem Moment wird die Freude des anderen zur eigenen Freude und das Leid des anderen zum eigenen Leid; in diesem Augenblick findet wirklich »Mit-teilung« und »An-teil-nahme« statt.

Solange wir peinlichst genau nur auf unsere Ichgrenzen schauen, sind wir in Gefahr die immensen Möglichkeiten der Ichlosigkeit zu übersehen. Eine Geschichte, die sich mit diesem Thema beschäftigt, ist die des Narren in der Großstadt.

DER NARR IN DER GROSSTADT

Eines Tages kam ein einfacher Mann vom Lande in die Großstadt. Er war diesen Trubel und die vielen Menschen gar nicht gewöhnt und in kürzester Zeit war der Arme wirklich furchtbar verwirrt.

Als er abends in eine Herberge ging, um dort die Nacht zu verbringen, plagten ihn Sorgen, ob er sich denn unter den vielen Menschen am nächsten Tage wiederfinden werde. Er nahm einen Ballon und befestigte ihn an seiner Zehe, damit er, wenn er am Morgen aufwachte, sobald er an sich hinuntersah, erkannte, daß er es war.

Ein Spaßmacher, der des Wegs kam, erkannte die Situation des Mannes sofort. Und als dieser schlief, löste er den Ballon von dessen Zehe und band ihn sich selbst an seine eigene. So legte er sich neben den Mann vom Lande und schlief den Schlaf des Seligen.

Als jener am nächsten Morgen erwachte, sah er sogleich an sich hinunter. Zu seiner Überraschung war da kein Ballon an seiner Zehe. Doch wie schaute er, als er den Spaßmacher neben sich liegen sah mit dem Ballon an der Zehe. Er konnte es gar nicht fassen und rief entsetzt : »Ja, um Himmelswillen, wenn Du ich bist, wer bin denn dann ich?« (SHAH Idries, <c> S 31)

Die Geschichte trifft ein menschliches Grundproblem auf den Punkt genau. Diese Angst sich zu verlieren, diese Sorge sich nicht mehr, nie mehr wiederzufinden unter all den anderen, die ganz anders sind, mit denen man auf keinen Fall verwechselt werden möchte.

Namenlos und ohne Identität durch die Welt zu wandern,
als Verlorener sich in allem verloren zu haben,
als wortlos Enttäuschter alle Enttäuschungen angenommen zu haben,
als Gesichtsloser alle Masken des Einen zu tragen
und dabei doch keine einzige für sich selbst zu beanspruchen.

Wie jämmerlich wir daran hängen, wer wir sind. Wie wichtig es uns ist, daß man uns erkennt. Welche Bedeutung wir dem beimessen, daß man unserem Bild von uns, unserem Selbstbild, unserem Image, genau gerecht wird. Im Grunde genommen ist solches zu tun reines Schattenboxen. Nur ein einziger Gedanke an den Tod rafft dieses Ich in uns hinweg und beschäftigt uns mit einer anderen Dimension, mit einer ewigen, unaufhörlichen, unbegreiflichen Dimension. Ich und Selbst, Ich und wahres Wesen. Hinter diesem Ich, das letztlich nur eine sinnvolle Illusion ist, ist noch etwas anderes, das wahre Selbst, unser ureigenstes inneres Wesen, das wir mit allen und mit allem teilen.
Manche Menschen haben nicht nur ein Ich, sie haben darüberhinaus sogar ein Ego ausbilden müssen, eine überaus feste Bastion, um sich gegen die Kraft des wahren Wesens in ihnen abzukapseln. Wenn aber der andere, der Spaßmacher zum Beispiel, man selbst ist und man selbst der andere, wenn man bereit ist zum Experiment sich in allem wiederzufinden, »wer ist dann wirklich dieses Ich?«

Ein weiteres Beispiel, wie man wirklich in bemerkenswerte Intensitäten kommt, läßt Meister Khing in der folgenden Geschichte beim Bau eines Glockenspielständers sehen. Er ist auf der Suche nach dem Baum, der ihm die innere Schönheit des zu schaffenden Werks offenbart. Auch Meister Khing befaßt sich mit dem Vergessen der äußeren Fassade, des Scheins unseres ach so wichtigen Selbstbildes, an dem wir versucht sind, jeden Tag zu bauen, statt es abzukratzen und uns von seiner Macht über uns zu befreien. Die Frage ist: Wie dringt man in das Wesen der Dinge ein? Wie vermeidet man, sich vom »Schein des Tages« beirren und blenden zu lassen?

DER GLOCKENSPIELSTÄNDER

Khing, der Meister der Holzarbeiten, schnitzte einen Glockenspielständer. Als er vollendet war, erschien das Werk allen, die es sahen, als sei es von Geistern geschaffen. Der Fürst von Lu fragte den Meister: »Welches ist das Geheimnis in Deiner Kunst?«

»Dein Untertan ist nur ein Handwerker«, antwortete Khing, »was für Geheimnis könnte er besitzen? Und doch ist da etwas. Als ich daranging den Glockenspielständer zu machen, hütete ich mich vor jeder Minderung meiner Lebenskraft. Ich sammelte mich, um meinen Geist zur unbedingten Ruhe zu bringen.

Nach drei Tagen hatte ich allen Lohn, den ich erwerben könnte, vergessen. Nach fünf Tagen hatte ich allen Ruhm, den ich erringen könnte, vergessen. Nach sieben Tagen hatte ich meine Glieder und meine Gestalt vergessen. Auch der Gedanke an Deinen Hof, für den ich arbeiten sollte, war geschwunden. Da sammelte sich meine Kunst, von keinem Außen mehr gestört.

Nun ging ich in den Hochwald. Ich sah die Formen der Bäume an. Als ich einen erblickte, der die rechte Form hatte, erschien mir der Glockenspielständer, und ich ging ans Werk. Hätte ich diesen Baum nicht gefunden, ich hätte die Arbeit lassen müssen. Meine himmelsgeborene Art und die himmelsgeborene Art des Baumes sammelten sich darauf. Was hier Geistern beigemessen wurde, ist darin allein begründet.« (TSCHUANG-TSE, S 66)

Auffallend ist, daß in der gesamten Geschichte, außer im Titel »*Glocken*-spielständer«, nie von der Glocke selbst gesprochen wird, die auf diesen hölzernen Glockenspielständer kommen wird. Was ist das für eine Glocke, die da klingt? Was ist das für ein Klangkörper, der niemals genannt wird? Man kann ihn nicht sehen und doch ist er da. Man baut dafür einen äußerst kunstvollen Ständer, aber der Platz für das klingende Kunstwerk bleibt leer. Wichtige Fragen bleiben offen. Wesentliche Bilder klingen weiter.

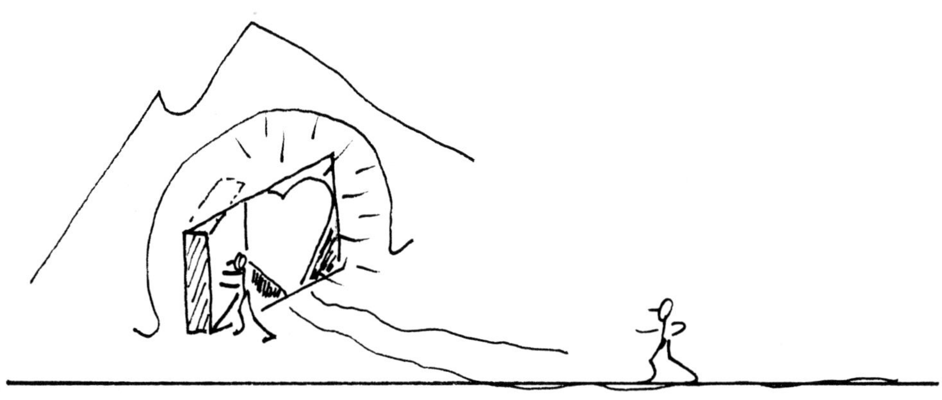

27. ÜBUNG »SO LAUFEN, DASS ALLES RUNDUM ZU BLÜHEN BEGINNT«

Irgendwann -,
wird es sein,
daß ich mich entscheide,
ein gutes Leben zu führen.

a. Man stellt sich die Sonne groß hinter sich vor. Beim Einatmen zieht man die Lebensenergie der Sonne durch den Rücken in sich ein, beim Ausatmen strahlt man diese Lebensenergie an seine Umgebung und in die Welt ab. Man macht sich gleichsam zu einem selbstlosen Leiter dieser inneren Energie der Sonne.

b. Man stellt sich wieder die Sonne groß hinter seinem Rücken vor und atmet ihre lebenspendende Kraft und Strahlung durch den Rücken in das dunkle Zentrum jeder Zelle. Beim Ausatmen atmet man so aus, daß alles - alle Seinsebenen und Wesen - rundum zu blühen und zu wachsen beginnt.

> KOMMENTAR

Das ist eine sehr einfache und wunderbare Übung. Es ist im Grunde eine sehr genitale und generative Übung. Es ist eine Übung, die unser Fruchtbarwerden, unsere Fruchtbarkeit im Leben anfacht und aufweckt, die Freude in uns und - spirituell gesehen - Freude im ganzen Universum verbreitet.

Wenn man von der Ganzheitspsychologie ausgeht, so konstatiert man, daß nichts, was man tut, unbedeutend ist. Das geringste Tun hat Auswirkungen auf das Ganze, sogar jeder Ge-

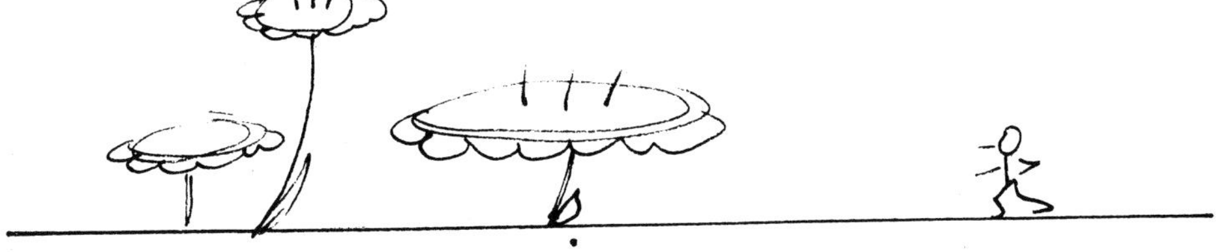

danke. Deshalb ist es sehr wichtig, sich klarzumachen, was man tut und denkt und aus diesem Wissen heraus nicht nur Verantwortung zu übernehmen für seine Taten, sondern auch für seine Gedanken.

Wenn ein Mensch in sich gut denkt, ist es, als ob er die ganze Zeit seiner Umgebung lebensvolle Erlaubnisse vermittelt, er segnet gleichsam. Denkt er schlechte Gedanken, so strahlt er Einschränkungen und Verbote ab, er flucht, behindert und verflucht gleichsam.

LAUFEN MIT GESCHICHTEN

28. ÜBUNG »EINE INHALTSREICHE GESCHICHTE DURCHLAUFEN« (allgemein)

a. Man sucht sich eine inhaltsreiche Geschichte oder ein archetypisches Bild (zum Beispiel hier aus diesem Buch) und konzentriert sich im Laufen darauf. Ist es eine ganze Geschichte, so geht man die einen ansprechenden Bilder der Reihe nach durch.

b. Man versucht nicht über die Bilder rational nachzudenken, sondern atmet bewußt in diese Bilder hinein, versucht sie zu begreifen und zu verstehen, indem man sie sehr bewußt und lange innerlich ansieht, in sie hineinatmet, sie gleichsam einatmet. Auf diesem Weg kann einem plötzlich eine andere Art Verständnis zukommen.

> KOMMENTAR

Beschaulichkeit. Einfach ein Bild, das man mag, lange beschauen, seinen Sinn erschauen. Wir sind so gewohnt, sofort über alles rational nachzudenken, sofort eine Erklärung zu finden, daß wir gar nicht merken, wie wenig wir schauen und wie wenig Zeit wir uns geben, etwas zu schauen. In inhaltsreichen Geschichten ist Weisheit der Menschheit verpackt, wie in einen Teppich hineingewoben. Indem wir uns mit diesen Bildern - sie meditativ beschauend - beschäftigen, geht oft unmerklich etwas von diesem Wissen auf uns über.

Heinrich ZIMMER, Indologe und Kenner vieler starker Geschichten, sprach vom »ewigen Dilettantismus« als wertvoller Grundeinstellung in diesem Zusammenhang. Seine Idee war, sich nicht und nicht einfangen zu lassen von einmal gewußten Bedeutungen. Vielmehr wollte er immer wieder von Neuem an alles herangehen, die Urbilder der Seele, die in inhaltsreichen Geschichten gezeigt werden, immer wieder frisch und neu die Seele be-

eindrucken lassen, sodaß der nie endende Schatz des Sinns uns von Neuem beeindrucke. Es ist schwer, als Wissender, völlig unvorbereitet und leer an ein bekanntes Bild heranzugehen. Aber ich glaube, es ist die einzige Chance, die wir haben, zu leben und lebendig zu sein.

Was sind inhaltsreiche Geschichten und wie erkennt man sie?

Hier im Buch sind einige inhaltsreiche Bilder und Geschichten dargestellt, auf die man seine Beschaulichkeit richten kann. Man erkennt sie daran, daß sie bestimmte emotionale Reaktionen in einem auslösen, durch eine bestimmte Art des Berührt- und Angestoßenseins. Dies ist für manche Menschen recht schwierig zu spüren. Beschäftigt man sich mit archetypischen Bildern und Geschichten, wird einem die Tiefe der Bedeutungen mit der Zeit mehr und mehr zuwachsen, wird man immer rascher ihren Gehalt erkennen.

Die Bedeutung von inhaltsreichen Geschichten für uns Menschen, für Kultur und Menschheit, ist nicht hoch genug einzuschätzen. Märchen, Sagen, Gleichnisse, Parabeln, Lehrgeschichten wurzeln allesamt in der Mythologie und diese zeigt über sich selbst hinaus nach Nirgendwo. Aber lassen wir David CAMPBELL den Rahmen abstecken und aufzeigen, was Geschichten und Mythen im Leben bedeuten:

»Der Mensch vermag sich anscheinend im Weltall nicht zu behaupten, ohne an eine Fassung des allgemeinen Mythenerbes zu glauben. Ja, die Erfülltheit seines Lebens scheint sogar in direktem Verhältnis zur Tiefe und Weite nicht etwa seines rationalen Denkens, sondern seiner Mythologie zu stehen.«

(CAMPBELL David, S 16).

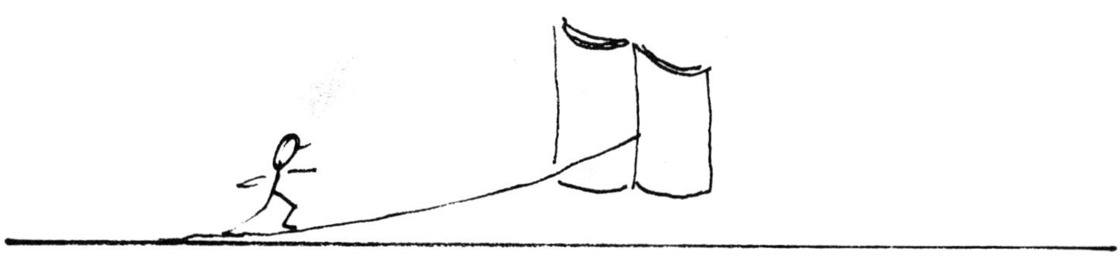

29. ÜBUNG »MIT DER GESCHICHTE VON DEN GEWÄNDERN LAUFEN« (speziell)

a. Man liest die nachfolgende Geschichte vor dem Lauf genau und lernt sie auswendig.

b. Dann trabt man los und konzentriert sich auf die einzelnen Bilder. Man trachtet nun die Bilder mit seinem Atem zu durchdringen und in den tieferen Sinn der Geschichte durch Anschauung und Atmung langsam einzudringen. Günstig ist es, zuerst den ersten Abschnitt, der am Ende von mir mit (A) bezeichnet wurde, zu meditieren, und dann erst die ganze Geschichte.
Wichtig ist, daß man über längere Zeit bei den Bildern bleibt, trotz zwischenzeitlicher Ablenkungen wieder zu den Bildern zurückkommt, sich in sie hineinatmet.

> GESCHICHTE UND KOMMENTAR

GEWÄNDER

Schönheit und Häßlichkeit trafen sich eines Tages an der Küste des Meeres und sie sprachen zueinander: »Laß uns hinausschwimmen.«

Sie legten ihre Kleider ab und badeten in den Fluten. Nach kurzer Zeit kam die Häßlichkeit zum Ufer zurück, zog sich das Gewand der Schönheit über und machte sich davon.

Und als die Schönheit dem Meer entstieg, da fand sie ihr Gewand nicht mehr und streifte sich die Kleidung der Häßlichkeit über. Und auch sie ging ihres Wegs (A).

Seitdem werden beide von Männern und Frauen verwechselt.

Doch es gibt welche, die haben das Antlitz der Schönheit erblickt und erkennen sie - ungeachtet ihres Kleides; und andere gibt es, die das Gesicht der Häßlichkeit kennen, und auch ihr Gewand vermag nicht, es vor ihren Augen zu verbergen (B) (GIBRAN Khalil, S 9).

Das Thema der »Gewänder« ist äußerst aufschlußreich und interessant. Das Verkleiden, Maskieren, hat die Menschheit immer schon in Feiern, Festen und rituellen Bräuchen und

Vorgängen angewendet: das Bild, daß die Welt eine einzige Maske Gottes sei, hat Generationen bewegt. Die Frage nach dem »Wer bin ich wirklich?« steckt hinter diesem Thema, eine der tiefsten und bewegendsten Fragen der Menschheit. Wenn wir »Funktionen bekleiden« und »eine Rolle im Leben spielen« haben wir mit diesem Thema der »Gewänder« schon zu tun. Es ist ein großes Thema, ein unerschöpfliches. Dazu zwei Bildgeschichten:

Man stellt sich das Leben, die Welt als eine einzige, große Bühne vor. Ein gigantisches Stück wird aufgeführt mit unzähligen Schauspielern, die in unzählige Gewänder und Rollen schlüpfen. Der Regisseur, der dieses Stück inszeniert, bleibt im Hintergrund, unsichtbar für die Zuschauer, aber er ist wesentlich für das Ganze, für die einmalige Kompositur, für die Einzigartigkeit der Sinnhaftigkeit der Darstellung.

Mancher Schauspieler glaubt nun, wenn er seine Rolle lange genug gespielt hat, daß seine Rolle zu ihm selbst geworden ist und vergißt, daß ihm diese Rolle nur zugedacht worden ist, daß er diese Rolle nur zeitweise, vorübergehend angenommen hat. Die Frage wirft sich auf: Wenn die Schauspieler nicht mit der gewandeten Rolle gleichzusetzen sind, wer sind sie dann ohne Gewand, wer sind sie in ihrer Nacktheit?

Das zweite Bild zu diesem Thema:

Jeder erhält bei seiner Geburt einen Schrank, dessen Türen in eine goldene Maske eingearbeitet sind. Das Gold strahlt so sehr, daß man die Züge dieser gewaltigen Maske nie genau erkennen kann. In diesem Schrank hängen nun viele Gewänder, viele Möglichkeiten, die durch die Person wirksam werden können. Wir aber nutzen oft nur ein Gewand, oder sehr wenige - unsere gewohnte Struktur - und übersehen die vielen Möglichkeiten.

Im Ausdruck »Ge-wänder« steckt das Wenden, das Umkehren, die Veränderung drinnen, aber auch das Wandeln, die Wandlung, vermutlich von »Gewand« kommend. Wer neue Gewänder anzuziehen vermag, dessen Leben verändert sich. Wer alte Gewänder abzulegen vermag, dessen Leben verändert sich. Über der Vielzahl der Gewänder sollte man die Nacktheit vor der Natur, das Gefühl der Nacktheit vor dem durch und durch Unverhüllten nicht vergessen. Die Nacktheit wird im paradiesischen Zustand gezeigt, dort braucht man noch kein Gewand, in das man sich hüllt; dort kann man nackt, ganz bloßgestellt, bar jeder Abwehr leben, gleichsam in der selig geborgenen Nacktheit des Ungeborenen. Spielerisch und verborgen stellt sich dieses Thema auch im Märchen »Des Kaisers neue Kleider« von ANDERSEN dar (ANDERSEN Hans C., S 147).

Um dieses Gefühl für die Kraft ursprünglicher Nacktheit zu entwickeln und auch das Gefühl für die Kraft des Sich-Gewandenden geht es in dieser meditativen Laufübung.

30. ÜBUNG »AUF EINEM TON LAUFEN«

a. Man konzentriert sich ganz auf seine Fußsohlen und auf den Ton, der durch das volle Aufsetzen der Fußsohlen entsteht. Man lenkt seinen Atem in der aktiven Vorstellung in seine Fußsohlen und in diesen Ton hinein. So laufen, daß der Ton nicht kriegerisch ist, sondern Festigkeit und Weichheit, Entschlossenheit und Sanftheit in sich vereinigend verbindet.

b. Gelingt dieses Hineinatmen in den Ton, so konzentriert man sich auf das Bild »auf diesem Ton zu laufen und sich von diesem Ton/Klang tragen zu lassen«. Von der Bewegung her ist es hier günstig, diese tanzenden Laufbewegungen zuzulassen, so wie in der Übung »Laufe wie ein Tanz...« (Übung Nr. 39).

c. Dann stellt man sich vor, auf einem heilenden Ton zu laufen.

d. Wer den Mut hat, stellt sich vor, auf einem heiligen Ton, auf einem heiligen Klang zu laufen.

e. Zuletzt stellt man sich vor, daß dieser Rhythmus von der Trommel des Todes stammt, die uns daran erinnert, daß alle Erscheinungen vorübergehend, werdend-entwerdend und vergänglich sind.

> KOMMENTAR UND GESCHICHTE

Diese Aussagen klingen gelesen vielleicht eigenartig. In der Praxis stellen sie sich ganz anders dar. Man kann die direkte Erfahrung nicht durch den rationalen Mitvollzug bekommen, das wäre so, als ob man das Schwimmen lernen wollte, indem man anderen beim Schwimmen nur zuschaut.

Die Freude der Seele an Ton, Klang und Tanz ist riesig. Nicht umsonst haben sich Zweige

der Musik- und Tanztherapie entwickelt. In alten religiösen Traditionen und Strömungen jedoch ist dieses Wissen, daß Musik und Tanz dem Menschen auf seinem Weg helfen, daß sie die Persönlichkeit zu entwickeln und befreien helfen, allenthalben aufzufinden. HAFIZ, ein großer persischer Weiser und Dichter erzählt folgenden Schöpfungsmythos:

WIE DIE SEELE IN DEN KÖRPER KAM

Gott machte eine Statue aus »Ton«.

Er formte den Ton nach seinem Bilde. Er wollte, daß die Seele in diese Statue eingehe. Aber die Seele wollte nicht gefangen sein, denn es liegt in ihrer Natur, daß sie fliegend ist und frei; sie will nicht begrenzt und gebunden sein. Der Körper ist ein Gefängnis und die Seele wollte dieses Gefängnis nicht betreten.

Da bat Gott seine Engel, Musik zu spielen. Und als die Engel spielten, wurde die Seele ekstatisch bewegt. Und in dieser Ekstase - um die Musik noch klarer und unmittelbarer erfahren zu können - betrat sie den Körper.

Hafiz sagt: die Leute sagen, daß die Seele, als sie dieses Lied hörte, den Körper betrat, aber in Wirklichkeit war die Seele selbst das Lied.

Ein beigelegter Kommentar dieses Schöpfungsmythos deutet auf zwei in dieser Geschichte enthaltenen Gesetze hin:

- das eine liegt darin, daß die Seele ihrer Natur nach frei ist, und daß die Tragödie des Lebens in der Abwesenheit dieser Freiheit liegt und
- die andere Bedeutung der alten persischen Legende liegt darin, daß der einzige Grund, aus dem die Seele den Körper aus Ton und toter Materie betrat, der war, daß sie die Musik des Lebens erfahren wollte (BERENDT Ernst-Joachim).

Schöpfungsmythen sind Mythen, die das Leben anregen. Sie berühren die tiefsten Schichten des menschlichen Bewußtseins und regen sie zum Auftauchen und zur wachsenden Bewegung an; sie streichen in uns Töne und Klänge an, die ganz aus der Ferne, vielleicht durch viele Schichten der Dämpfung an unser Ohr dringen, und trotz ihrer leisen Zartheit eine tief verschüttete Sehnsucht, eine altvertraute, aber längst vergessene Emotion wachrufen, die uns lockt und zieht.

31. ÜBUNG »LAUFE WIE EINE MÜCKE AUF EINER TROMMEL«

a. Man konzentriert sich wieder wie in der Übung »Laufe so, daß Du gelaufen wirst« (Übung Nr. 25) auf die aufsetzenden Fußsohlen und auf den Ton unter den Füßen. Man stellt sich wieder vor, in diesen Ton hineinzuatmen.

b. Dann stellt man sich vor, daß die Erde eine große Trommel ist, auf der man läuft, daß man mit jedem Aufsetzen einer Fußsohle diese Trommel unter sich anschlägt.

c. Wer Mut hat, verfällt in einen rituellen Laufstil und stellt sich vor, er sei eine kleine Mücke, die auf dieser riesengroßen rituellen Trommel tanzt.

d. Wenn möglich, geht man mehr und mehr ganz in diesen Ton hinein und verschwindet gleichsam atmend im Klang dieses Tons.

> KOMMENTAR

Die Beschäftigung mit dem Rhythmischen ist eine große Kraftquelle. Alles ist eine Frage des rechten Rhythmus: nicht zu schnell und nicht zu langsam. Wenn man den Atem mit dem Rhythmus verbindet, so kann es sein, daß man nach innen und nach oben getragen wird. Es ist einen Versuch wert, in diesem Ton der Schritte einzutauchenes. Vieles was unserem alltäglichen Selbst- und Weltbild zu widersprechen scheint, ist geeignet, diese unsere alltägliche Sicht zu transzendieren. Mit dem rechten und gekonnten Einreißen der üblichen Vorstellungswelten kann möglicherweise die Schau des ganz Anderen beginnen.

DER TOD ALS »FREUND UND RATGEBER«

32. ÜBUNG »JEDER SCHRITT IST DER LETZTE«

Wer für den Tod bereit ist,
ist bereit zu leben;
wer bereit ist zu leben,
stirbt die tausend Tode jedes Augenblicks,
und stirbt gedankenlos dahin
gleich jener vollerblühten Rose
dort am stillen Quellgrund
geht ihre duftende Essenz doch ein ins ewige Äon.

a. Man stellt sich ernsthaft vor, daß jeder Schritt der letzte ist und richtet seine ganze Kraft und Konzentration auf diese Vorstellung.

b. Mit der Vorstellung laufen, daß jedes Ausatmen das letzte ist. Man gibt sich in der Ausatmung möglichst ganz und vollständig hin.

c. Man stellt sich am Beginn des Laufes vor, daß dieser Lauf der letzte des Lebens sein wird; daß man sich am Ende des Laufes niederlegen und sterben wird.

d. Laufe wie ein Toter.

> KOMMENTAR

Wie schnell regt sich der Widerstand in einem und der Impuls, solch eine »Übung« gleich abzutun. Im Grunde genommen »lebt man sich ständig zum Tode und stirbt sich stetig zum Leben«. Das ist keine aus Bedauern heraus gemachte Aussage, vielmehr eine Aussage, die aus kraftvollem Impuls getan wird.

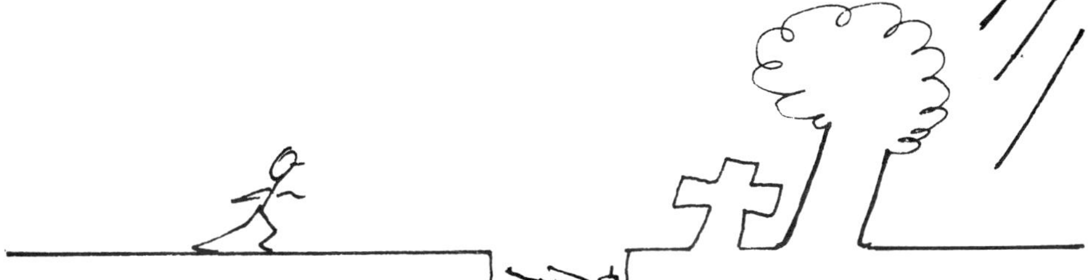

Die Sehnsucht und Hoffnung über dieses irdische Leben hinaus ein ewiges vorzufinden oder wiedergeboren zu werden ist die Sehnsucht der Völker und Kulturen, die Sehnsucht und Hoffnung der Menschheit selbst. Die Sehnsucht nach der äußersten Seligkeit jedoch ist der Flügel und Antrieb, der sich auf zur Sonne schwingt, in ihrem Glanz vergehend.

Das Leben im Kreislauf unzähliger Wiedergeburten
gleicht einem im Traum geschauten Bild.
Die Götter hoch oben,
die stummen Bäume und Steine unten
sind wie Erscheinungen darin.
Aber der Tod verwaltet das Gesetz der Zeit;
von ihr eingesetzt ist er der Gott aller Dinge.
(ZIMMER Heinrich)

Ob in der folgenden klassischen Zen-Geschichte der Schüler des Meister Bassui und der Meister Tanzan wirklich im Sterben lagen, sei dahingestellt. Jedenfalls werden beide Geschichten angesichts der existentiellen Situation des Sterbens das Beste und Wichtigste in kürzester Fassung für die verbleibende Zeit gegeben haben.

BRIEF AN EINEN STERBENDEN SCHÜLER
Bassui schrieb folgenden Brief an einen seiner Schüler, der im Sterben lag:
»Die Essenz Deines Geistes ist nicht geboren, also wird sie auch niemals sterben. Es gibt keine Existenz, die vergeht. Es gibt keine Leere, die nur leer ist. Es hat weder Farbe, noch Form. Es erfreut sich nicht an Annehmlichkeiten und erleidet keine Schmerzen. Wie sehr Du auch das, was jetzt krank und voller Schmerzen ist, zu erkennen trachtest, so erkennst Du es doch nicht.
Ich weiß, daß Du sehr krank bist. Als ein guter Zen-Schüler blickst Du dieser Krankheit gerade ins Gesicht. Du weißt vielleicht nicht, wer es ist, der leidet, aber frag Dich selbst: Was ist das Wesen dieses Geistes? Denke nur daran. Mehr brauchst Du nicht. Begehre nichts. Dein Ende, das endlos ist, ist wie eine Schneeflocke, die in der reinen Luft vergeht.« (REPS Paul, S 103)

BRIEF EINES STERBENDEN MEISTERS

Tanzan schrieb am letzten Tag seines Lebens zwanzig Postkarten und bat einen Diener, sie einzuwerfen.

Dann verschied er.

Auf der Karte stand:

»Ich verlasse diese Welt.

Das ist meine letzte Botschaft.

Tanzan, 7. Juli 1892.« (REPS Paul, S 27)

Wer hat die Kraft,
dem Tod täglich ins Auge zu sehen
und dem Leben?

33. ÜBUNG »ÜBER DEM ABGRUND LAUFEN«

Vorbemerkung: Diese und ähnliche Übungen sind eher für die kühleren Jahreszeiten für Abendläufe gedacht.

a. Man stellt sich vor, auf einem festen, leicht federnden Weg aus Holzbohlen über einem dunklen Abgrund zu laufen.
   Unten ist Dunkelheit, Tiefe und Feuchte, unsichtbar hört man in der äußersten Tiefe das ferne Rauschen eines Baches. Über einem scheint der Mond, dessen Licht den Weg bescheint.
b. Man läuft mit sicherem, festen Schritt auf den federnden Holzbohlen und atmet abwechselnd oder einander durchdringend die Feuchte des Abgrunds und das Mondlicht.

> KOMMENTAR UND GESCHICHTEN

Das Abgründige und Dunkle in einem ist ein weiterer archetypischer Bereich, der bedacht und ergründet sein will. Einerseits findet sich in ihm das Thema des Endes, des Todes, andererseits das Thema des Schattens, der dunklen Seite der Persönlichkeit, des Verdrängten und ängstlich im Unbewußten Gehaltenen. Der Abgrund ist jedoch auch ein Weg zur Höhe, durch die Unterwelt gehen die Helden in Märchen, Sage und Mythos, um nach erfolgter Erprobung und gemeisterter Prüfung in die Höhe der Welt des Göttlichen einzugehen. Wieviel Mut zur Hingabe ist notwendig, wieviel Kraft der Einsicht muß gesammelt werden, um die Tiefe der menschlichen Schatten im eigenen Leben verständnisvoll anzunehmen und sich selbst zuallererst zu verzeihen. Der Kontakt mit dem Dunkel, mit der Schwärze des Abgrunds hier steht im Vordergrund der Übung. Wer einmal in der Nacht durch den Wald gelaufen ist, in die Schwärze hinein, durch ihre Schwärze hindurch, weiß um die Kräfte und Seligkeiten, denen wir Ängstlichen sonst in der Helle des Tages so rasch ausweichen. Das Abgründige ist aber auch wie das I Ging sagt, das Herz, die Seele

des Menschlichen, das Lichte, das im Dunklen enthalten ist. Das Wasser in der Schlucht deutet auf die Möglichkeit des restlosen sich Hineinstürzens hin; wie das Wasser eben, das sich gedankenlos in die Tiefe der Schlucht hineinstürzt, fällt und aufspringt, jede Kuhle, jeden Raum ohne Zögern ausfüllend, bis es sich am Ende der Schlucht glänzend und ruhig in den lichten, weiten Raum ergießt.

Die Bewältigung des Abgründigen, die Annahme des Dunklen in einem und weitergehend die Entfaltung des Unermeßlichen im Wesen des Abgrundes und die Entdeckung ihrer Kraft scheint mir ein zentrales archetypisches Thema zu sein, das wert ist, immer wieder meditiert zu werden. Im tiefsten Abgrund taucht die Höhe auf. Berge und Schluchten vereinigen sich zum Glanz des Lichtvollen, zum Aufstieg des Lichts hinter der dicksten Dunkelheit. Dies scheint auch das zentrale Thema der folgenden Geschichte zu treffen, wo alles auf den Abgrund und seine Höhe zusteuert, hin auf den Seher, der in tiefster Dunkelheit, gelassen und ruhig, hoch am Berg, den schmalen Weg auf die andere Seite des Abgrunds sicher und unbeirrbar findet, beschreitet, auf die andere Seite hinüberwechseln kann.

DER BLICK IN DEN ABGRUND

Eines Tages kam ein Samurai zum berühmten Meister Miyamoto Musachi, um bei ihm den Weg des Schwerts zu erlernen. Musachi hatte wenig Zeit und wies den Schüler ab. Doch als dieser weiter unbeugsam in ihn drang, nahm Musachi ihn endlich an und erbot sich, es auf einen Versuch mit ihm ankommen zu lassen.

Als sein Schüler verbrachte der Samurai nun seine Zeit damit, auf Geheiß des Meisters tagtäglich Holz herbeizuschaffen und zu spalten, und von der fernen Quelle Wasser zu holen. Ein Tag, eine Woche, ein Monat, zwei Monate, ein Jahr, drei Jahre vergingen so.

Dann hielt es den Samurai nicht mehr und er sprach seinen Meister an: »Welches Training absolviere ich nun eigentlich? Seit meiner Ankunft habe ich kein Schwert berührt. Ich verbringe meine Zeit mit tagelangem Holzhacken und Wasserholen. Wann werde ich Eure Unterweisung erhalten?« »Schon gut«, antwortete Musachi, »ich werde Dich in der Technik unterrichten, wenn Du es wünschst.« Er führte ihn ins dojo (wörtlich: Kleiner Tempel; Platz, wo die Kämpfer üben) und hieß ihn von morgens bis abends genau am äußersten Rand der tatami-Matte entlang zu laufen, immer rund um die Halle, Schritt für Schritt, und ohne einen Fehltritt.

Der Samurai lief ein Jahr lang konzentriert auf dem Rand der tatami-Matte. Als diese lange Zeit verstrichen war, sprach er zu Musashi: »Meister, ich bin ein Samurai, der schon viel

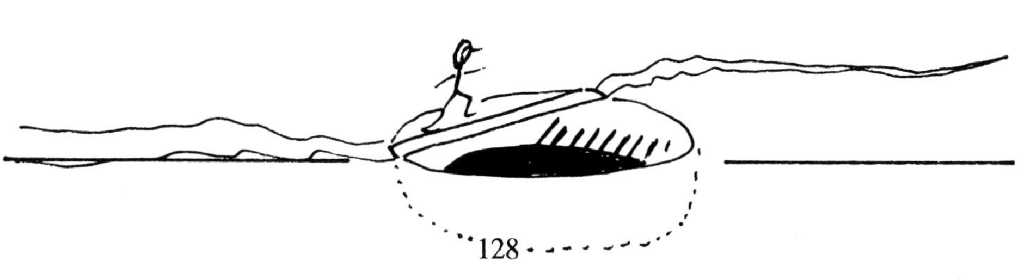

gefochten hat und viele andere Meister des kendo (der Schwertkunst) getroffen hat. Nun bin ich ein Jahr lang den Rand der Matte entlang gelaufen. Ich bin gekommen, die Kunst und den wahren WEG des Schwertes zu erlernen. Bitte lehrt mich doch jetzt!« Aber Musashi hieß ihn noch ein weiteres Jahr konzentriert den Rand der Matte entlang zu laufen.

Als der Samurai nach dieser Zeit Musashi wiederum anflehte, ihn in der wahren Kunst des Schwertes zu unterweisen, sprach Musashi: »Nun gut, folge mir.« Dann führte er ihn weit in die Berge bis zu einer Stelle, wo sich der Wald lichtete und ein riesiger Baumstamm über eine Schlucht von erschreckender Tiefe führte. »Nun denn«, sprach der Meister, »geh hinüber.« Der Samurai verstand nun gar nichts mehr, zögerte vor der Tiefe des Abgrunds und wußte nicht, was er tun sollte. Als er sich nun so zwischen Verwirrung, Unschlüssigkeit und angstvollem Schrecken befand, hörte er plötzlich hinter sich ein Knacken und - tock, tock, tock - den Gang eines Blindenstocks. Aus dem Schatten des Waldes tauchte ein blinder Alter auf und ging, ohne ihre Anwesenheit zu bemerken, seines Wegs, an ihnen vorbei, direkt auf den schrecklichen Abgrund zu. Ohne zu zögern schritt er - tock, tock, tock - auf dem Baumstamm über die tiefe Schlucht und verschwand auf der anderen Seite (in Anlehnung an DESHIMARU-ROSHI Taisen, S 51f.).

Der Abgrund ist das viele Menschen Ängstigende. Das abgründig Abschüssige ist für den Mutigen Quelle der Faszination. Menschen mit einer Ich-Schwäche sollten sich auch nicht mit diesem Thema beschäftigen, solange sie nicht vorerst Halt und Standfestigkeit, Souveränität und Kraft im Leben entwickelt haben. Dies zeigt sich in der Geschichte vom Samurai im ersten langen Abschnitt, wo er sich zuerst intensiv und lange darin schult mit seiner physischen Existenz (Holzhacken und Wasserholen) gut und leicht zurechtzukommen. Dann jedoch ist das Thema des Abgründigen wie ein immer stärker werdender Sog, wie die unaufhaltsam zunehmende Sehnsucht nach der wahren Quelle des Lebens. Das Abgründige kann sich darin zeigen, daß man, wie gewisse Mönche im Osten, einfach jeden Tag vor einer kahlen Wand sitzt und sich auf diese leere Fläche konzentriert. Das Abgründige kann sich aber auch darin zeigen, daß man, wie ein Gast auf Erden durch die Welt wandert, alles in diesem Weltenhaus bestaunend und wie ein guter Gast eben das Haus seines Gastgebers interessiert und aufmerksam genießt und betrachtet.

Daß das Abgründige eng mit dem Thema des Nichts und der Leerheit verbunden ist, zeigt der nachfolgende germanische Schöpfungsmythos, in dem sich sehr starke Bilder finden und der sich im nachhinein zu dieser obigen Übung gefunden hat. Man sollte sich auch nicht von trivial klingenden Namen wie »Nifelheim und Muspelheim« ablenken lassen.

Die Bilder in dieser Zusammenziehung aus der Edda, der germanischen Götter- und Heldendichtung, sind archetypisch klar und kraftvoll.

GERMANISCHER SCHÖPFUNGSMYTHOS

Einst gab es eine Zeit, da alles nicht war. Nicht Erde und Meer, noch der Himmel darüber mit seinen unzähligen Sternen.

Da war nichts als ein ungeheurer finsterer Abgrund: Ginnungagap, die gähnende, lautlos tote Kluft.

Aber in dem grenzenlosen, schweigenden All lebte Fimbultyr, der geheimnisvolle, große und allmächtige Weltgeist, den nie ein Auge gesehen. Allvater ist's, der Starke oben, der alles lenkt und ewige Satzung verordnet.

Und nach seinem Willen entstand im hohen kalten Norden das finstere Nebelreich Nifelheim und fern im Süden Muspelheim, das Reich der Glut, des Feuers.

Und ein Brunnen entsprang im urkalten Nifelheim: Hwergelmir, der brausende Kessel. Aus seiner Tiefe brachen zwölf Ströme hervor, die sich mit donnerndem Rauschen in den unermeßlichen Abgrund stürzten. Diese Fluten erstarrten in der grausigen Kälte Ginnungagaps zu Eis. Eisschicht schob sich über Eisschicht, und im Laufe vieler Jahrtausende füllten die stetig wachsenden Massen einen Teil des gähnenden Schlunds.

Indes zischte und blitzte es in Muspelheim von umherstiebenden Feuerfunken. Aus tausend Essen sprühte und leuchtete die rote Glut, und die Hitze war so groß, daß nur einer sie zu ertragen vermochte: Surtur, der Herr des Flammenreiches Muspelheim. Auf sein flammendes Schwert gestützt, saß er auf einem Felsblock und beobachtete, wie die Funken von seinen Essen über den gähnenden Abgrund nach Nifelheim hinüberflogen, um dort eine neue Welt voll großen, reichen Lebens zu schaffen (HALBFAS Hubert, S 124).

Das Abgründige kann sich aber auch in der folgenden Fragestellung der Zen-Meister zeigen, die nur von dem gelöst werden kann, der bereit ist, ganz in sie einzutauchen, und in ihr wirklich »Zu-Grunde-zu-Gehen«.

VORWÄRTS VON DER SPITZE DES PFAHLS

Sekiso fragte: »Wie könnt ihr von der Spitze eines hundert Fuß hohen Pfahls aus vorwärtsgehen?«

Ein anderer Zen-Meister sagte: »Einer, der auf der Spitze eines hundert Fuß hohen Pfahls sitzt, hat eine gewisse Höhe erreicht, aber noch immer geht er mit Zen nicht frei um. Er

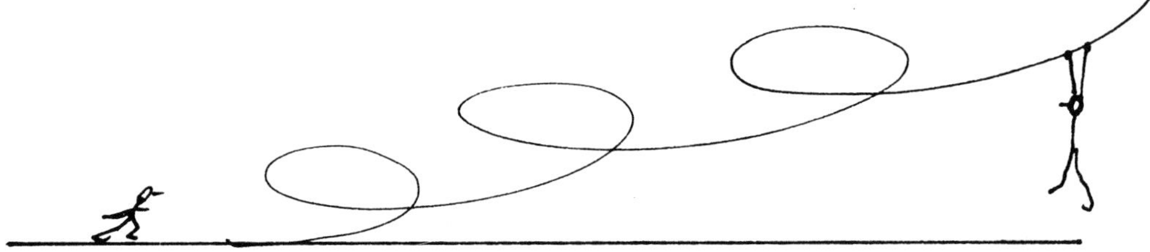

sollte von dort aus vorwärtsgehen und mit seinem ganzen Körper in den zehn Teilen der Welt erscheinen«

Mummons Kommentar: Es kann einer Schritt vor Schritt setzen oder sich frei auf der Spitze eines Pfahls herumdrehen. In jedem Fall sollte er anerkannt werden. Ich möchte jedoch Euch Mönche fragen: Wie wollt ihr von der Spitze dieses Pfahls aus vorwärtsgehen? Paßt auf!

Der Mensch, dem das dritte Auge der Einsicht fehlt,
klammert sich an das Maß von hundert Fuß.
Solch ein Mensch wird dort herunterspringen und sich töten,
wie ein Blinder, der andere Blinde in die Irre führt.
(REPS Paul, S 157f.).

34. ÜBUNG »VON UNSICHTBAREN STANGEN GEZOGEN WERDEN«

a. Zuerst einige Zeit so laufen, daß man gelaufen wird.

b. Dann sich vorstellen, daß einen zwei Stangen, die parallel zum Boden in Handhöhe verlaufen und aus der Laufrichtung kommen, vorwärtsziehen und in Bewegung halten. Die Stangen werden von unsichtbaren Händen bewegt, und indem man diese Stangen mit unseren Händen umfaßt, wird man in Bewegung gehalten, bewegt.

c. In einer dritten Phase stellt man sich vor, daß eine der Stangen vom »Gevatter Tod« und die andere Stange von »der Liebe« bewegt werden.

Tod und Liebe arbeiten Hand in Hand und bewegen die beiden Stangen. Man läßt das innere Bild von Tod und Liebe sich, wie es will, entwickeln und entfalten.

Wem dies schwerfällt, der stellt sich den Tod als Knochenmann, oder als Knochenmann in einer eisernen Rüstung vor; die Göttin der Liebe etwa als wunderbar blühendes Wesen, mit wehenden Haaren und Gewändern mit einem unerschöpflichen Füllhorn im Arm.

d. Zuallerletzt kann man sich vorstellen, daß über uns Dreien - über uns selbst, dem Tod und der Liebe - ein Viertes ist, und uns atmend alle Drei bewegt.

> KOMMENTAR UND GESCHICHTE

Auch diese Übung berührt einen Teil des Unbewußten, den wir im Getriebe des Alltags versucht sind zu übersehen, zu vergessen, zu verdrängen. Die Tatsache nämlich, daß wir ständig bewegt werden, daß wir keine Freiheit haben, uns zu bewegen, oder, nicht zu bewegen, sondern daß wir ständig weiterbewegt werden. Wir sind die Bewegten, die sich aus dem Schwung des Bewegtseins bewegen und bewegt fühlen, die lebendig sind. Der Übungsansatz mit den Stangen stammt aus dem Indianischen. Irgendwo wurde diese Übung von einem alten Indianer in einem der Bücher, die ich las, beschrieben. Sie ist gleich in mir hängengeblieben, hat mich beeindruckt und beschäftigt und hat sich in mir weiterbewegt.

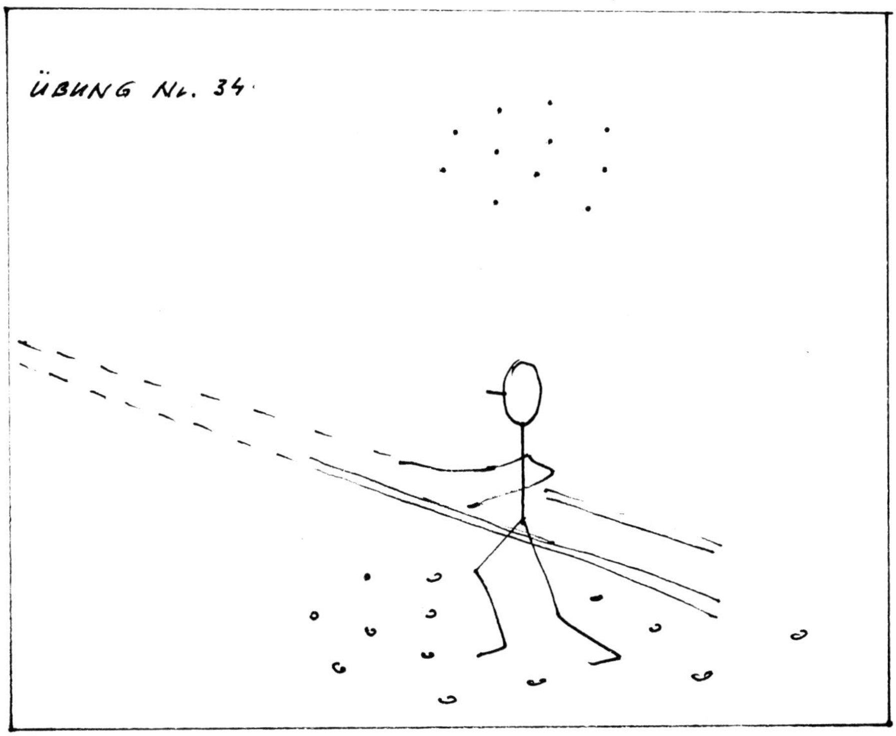

Unser Kreislauf wird bewegt, unsere Lungen werden bewegt, unsere Organe werden bewegt. Es ist unumgänglich, daß wir unsere Muskeln, unseren Körper bewegen. Versuchen Sie einmal nur zehn Minuten ganz bewegungs- und regungslos zu sitzen und achten Sie darauf, ob es ihnen gelingt und was sie in diesen zehn Minuten entdecken und in Erfahrung bringen können. Unsere Freiheit liegt höchstens darin, etwas darauf einzuwirken, WIE wir uns alleine und miteinander durch das Leben bewegen. Wir aber sind und bleiben letztlich Bewegte; manche fühlen sich mehr als Gestoßene, Gedrängte, und andere glauben

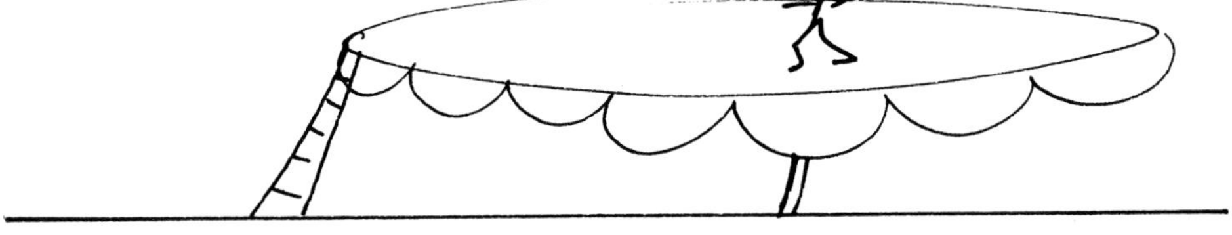

tatsächlich in ihrer Überschätzung, daß sie die Macher sein könnten. Ohne Würde, Ehrfurcht und Bescheidenheit wird diese Welt, dieser Planet untergehen. Mit Würde, Ehrfurcht und Bescheidenheit wird dieser Planet mit uns dereinst auch verschwinden. Aber ist es wirklich gleich WIE man auf- und untergeht?

DER MÜCKENSCHWARM

Ein großer Mückenschwarm wurde vom Wind durch ein gerade offenstehendes Fenster in den weiträumigen Palast des Sheiks geweht.

Da jenseits der Halle gerade ein anderes Fenster offenstand, wehte der Wind den Mückenschwarm zum Palast wieder hinaus.

Eine Mücke jedoch wurde nicht hinausgeweht. Sie setzte sich auf das Knie der hochgeliebten Gemahlin des Sheiks.

Als er sie so auf dem Knie seiner Gemahlin sitzen sah, lächelte er sanft und tötete sie mit einem einzigen Schlag (Sufi-Geschichte).

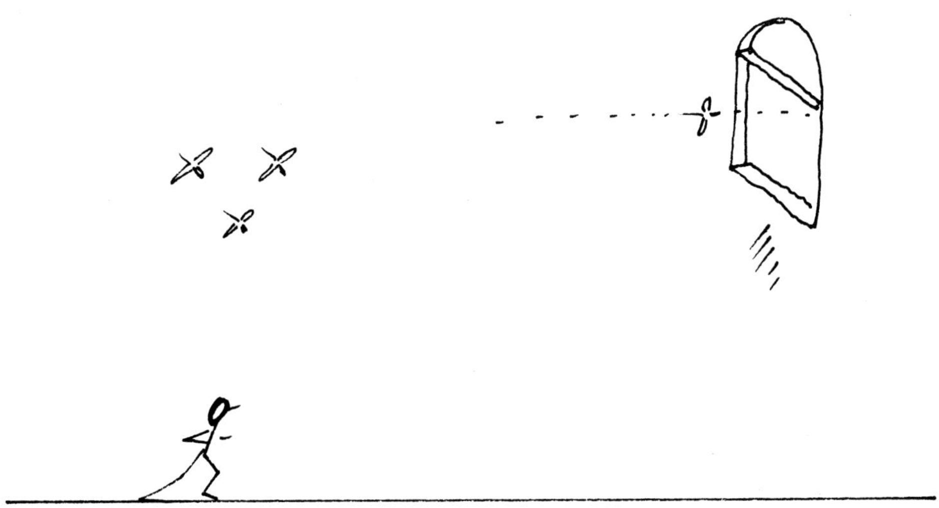

35. ÜBUNG »KRÄFTE DER STILLE«

Und wollte
weder innere Erlebnisse
noch äußere Abenteuer suchen -,
nur in der Natur stille sein.

a. Man beginnt mit einer Vorübung, daß man sich auf den Rhythmus der Schritte konzentriert, dann auf das Ein- und Ausströmen des Atems.
b. Dann lenkt man sein Bewußtsein zusammen mit dem Atem auf die Stille und konzentriert sich, die Kraft der Stille, der Ruhe, des Friedens mehr und mehr mit seinem Atem zu vereinigen und zu verschmelzen.

> KOMMENTAR UND GESCHICHTE

Eine wunderbare Übung besteht darin, die Natur zu seinem Lehrer zu machen und den Geist der Natur in ihre vollkommene Stille zu tauchen; wer dies tuend vermag, löscht die unbändige Sehnsucht durch die Stille, so wie man eine Kerze durch Feuer löscht.

Ein Bekenntnis: »Ich liebe die Stille«.

Eine Entdeckung:

Zuerst glaubte ich, Stille wäre absolute Geräuschlosigkeit. Doch: nirgendwo fand sich ein Platz, wo es absolute Lautlosigkeit gab. Dann fiel auf, daß Stille nicht gleich Geräuschlosigkeit ist.

Die Stille kann sehr still sein.

Die Stille kann sehr laut sein.

Gleich, ob laut oder leise, die Stille hüllt sich in einen Ton, in einen Klang.

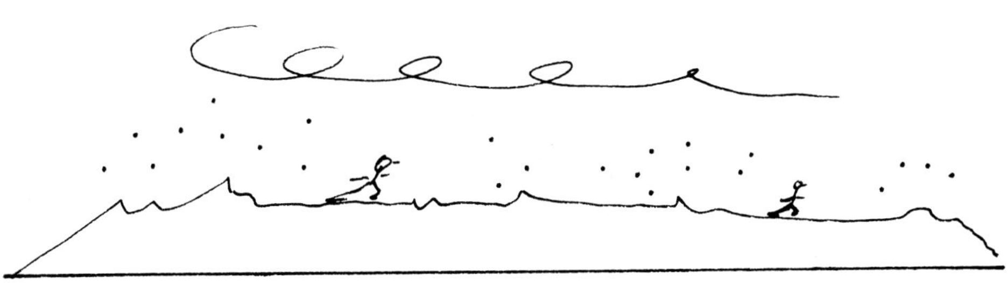

Lebenskunst ist nun, sich im Lärm nicht vom inneren Wohlklang der Weite der Stille abtrennen zu lassen.

Aussagenbündel:

Schweigen führt auf jeden Fall zum Schweigen.

Schweigen muß aber nicht unbedingt gleich zu einer tiefen Erfahrung der Stille führen, zu beredtem Schweigen.

Konzentriertes Schweigen muß nicht eine Bedingung sein, aber kann Voraussetzung für die tiefe Erfahrung seiner selbst und der Wesens-Natur sein.

LERNEN, WIE MAN STILL WIRD

Die Schüler der Tendai-Schule lernten die Meditation, bevor Zen nach Japan kam. Vier von ihnen, die enge Freunde waren, versprachen einander, sieben Tage lang Schweigen zu bewahren.

Am ersten Tag waren sie alle still.

Ihre Meditation hatte glückverheißend begonnen, aber als die Nacht kam und die Öllampen trüb wurden, konnte sich einer der Schüler nicht zurückhalten, einem Diener zuzurufen:

»Sieh nach den Lampen!«

Der zweite Schüler war überrascht den ersten reden zu hören. »Wir sollten doch kein Wort reden«, sagte er.

»Ihr seid beide dumm. Warum redet ihr?« fragte der dritte.

»Ich bin der einzige, der nicht gesprochen hat«, stellte der vierte Schüler fest (REPS Paul, S 84).

Tiefe Verbindungen bestehen zwischen: Stille, Gelassenheit, innerem Frieden, wirklicher Zufriedenheit, Glückseligkeit, der lächelnden Seligkeit am Grunde des klaren Sees, dem Erhobensein im Sehnen und weiterem Unaussprechlichen.

36. ÜBUNG »LEERHEIT: DIE WAHRHEIT LIEGT ZWISCHEN SCHWARZ UND WEISS«

> EINFÜHRENDER KOMMENTAR

Die Wahrheit liegt zwischen Schwarz und Weiß, wer dort hineingeht ist wie das Kamel, das tatsächlich durch jenes Nadelöhr ging, das man kaum sehen konnte. Im Grunde ist dies unmöglich, aber vorstellbar. Warum also sollte man sich nicht Unmögliches vorstellen. Realistische Utopie. Lebendige Mythologeme, Realistischer Idealismus...
Es geht nicht darum, daß man ewig zwischen Schwarz und Weiß hineinzukommen sucht. Es reicht oft ein kurzer Augenblick, es reicht das Betrachten von Übergängen, von Fugen, wie mein alter Freund Waldefried PECHTL zu sagen pflegt, um einen unvergeßlichen Blick zu erhaschen von »Etwas«, das unbeschreiblich ist.

Eines Tages sagte ein Freund während eines Laufes zu mir, daß ihn eine Aussage faszinierе, nämlich »Die Wahrheit liegt zwischen Schwarz und Weiß«. Ich sage nun »Die letzte Wahrheit liegt zwischen Schwarz und Weiß.«

»Wahrheit« zeigt verschiedene Ebenen oder Bedeutungsräume. In dem einen Sinnverständnis ist Wahrheit etwas Gescheites, in einem anderen ist Wahrheit eine tiefe menschliche Erkenntnis, in noch einem anderen ist Wahrheit das Sinnbewußtsein, das Unrecht vermindern hilft; die letzte Wahrheit jedoch ist jenseits von »Gut« und »Böse«, von »Recht« und »Unrecht«. Die letzte Wahrheit ist von einer ganz anderen Qualität, sie ist, wie wenn man Myriaden dünnster Schleier wegzieht, um dann ein Licht zu erblicken, das so intensiv ist, daß man es kaum auszuhalten glaubt. Die letzte Wahrheit ist überwältigend, sie zieht uns ungemein an und macht uns dennoch große Angst. Wer fürchtet sich nicht am meisten vor dem unvorstellbar Schönsten?
So weit jedoch wird man mit den folgenden Übungen wahrscheinlich nicht kommen. Sie zeigen vielleicht die Richtung, wo oder wohin es gehen könnte.

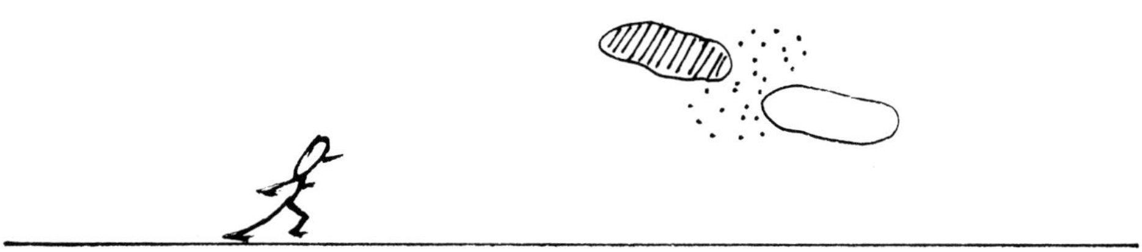

»DIE WAHRHEIT LIEGT ZWISCHEN SCHWARZ UND WEISS«

a. Man stellt sich Schwarz und Weiß nebeneinander vor und atmet genau in den Zwischenraum hinein. Dann zieht man die Luft aus dem Zwischenraum in die Lungen, in den Körper.

b. Man kann sich dabei zum Beispiel auch das Yin-Yang-Zeichen vorstellen.

Dasselbe macht man, indem man sich Schwarz und Weiß über sich vorstellt, dann hinter sich, dann unter sich. Man geht zuletzt an jene Stelle , wo die Wirkung am stärksten zu spüren war.

»WO BIN ICH ZWISCHEN ZWEI GEDANKEN?«

c. Eine ganz ähnliche meditative Übung ist die Zwischen-zwei-Gedanken-Übung. Man stellt sich innerlich während der bewußten Atmung immer wieder diese Frage »Wo bin ich zwischen zwei Gedanken?«

»ES IST NICHT GEIST, NICHT BUDDHA, NICHT DINGE«

d. Ein Mönch fragte Nansen: »Gibt es eine Lehre, die kein Meister jemals zuvor gepredigt hat?«

Nansen sagte: »Ja, die gibt es.«

»Was besagt sie?« fragte der Mönch.

Nansen antwortete: »Es ist nicht Geist, nicht Buddha, nicht Dinge.«

(REPS Paul, S 142)

Man konzentriert sich im Laufen auf diese Aussage und atmet in diese Aussage hinein.

37. ÜBUNG »DIE VERGÄNGLICHKEIT VON ALLEM BETRACHTEN«

a. Man betrachtet die Erscheinungen der Natur und die Erscheinungen in einem selbst mit dem Bewußtsein, daß alle diese Erscheinungen vergänglich sind.

b. Man atmet aus und konzentriert sch darauf, daß alle diese Erscheinungen vergänglich sind und man atmet ein und konzentriert sich darauf, daß alle Erscheinungen vergänglich sind.

> KOMMENTAR

Diese Übung erscheint sehr trivial, ist aber eine der wichtigsten und intensivsten Übungen, um in höhere Bewußtseinsbereiche vorzudringen. Es ist eine der zentralen Übungen, die von Buddha durch das Anapanasati Sutta auf uns herübergekommen sind.

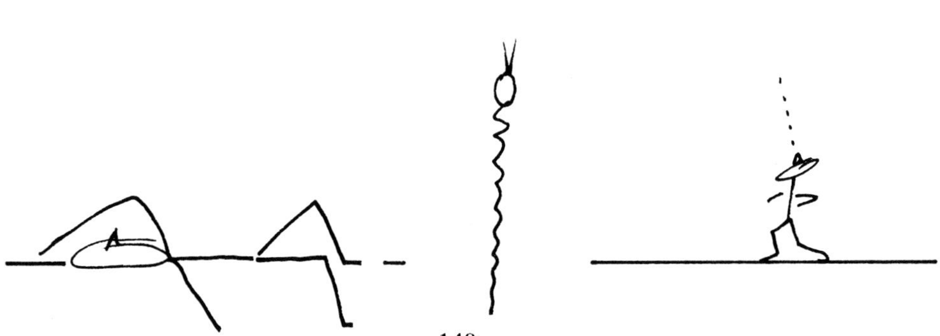

38. ÜBUNG »DIE GROSSE LEERE ATMEN«

a. Beim Einatmen die Große Leere einatmen.
   Beim Ausatmen sich ganz leer machen.
b. Darauf achten, daß sich der Atem mit der Großen Leere verbindet.

> KOMMENTAR UND GESCHICHTEN

Die meisten Menschen sind nicht leer, obwohl sie sich in stillen Augenblicken unerfüllt fühlen. Im Gegenteil: sie sind übervoll, übervoll von Vorstellungen und Gedanken, von Bedenken, von Gefühlen des Bedauerns über die Vergangenheit und sorgenvollen Gefühlen über die Zukunft. Das Übervolle in uns kann sich, obwohl wir im Leben glücklich Erfolg, Geld und Einfluß erreicht haben, als Frust oder Unzufriedenheit, oder als eine Art bedrückendes Leeregefühl breitmachen. Das Übervolle oder Unzufriedene ist ein Zeichen, daß wir nicht genug im Fluß sind, daß wir Dinge im Übermaß festhalten, uns an abgelaufene Prozesse klammern, sie immer und immer wieder in unserer Phantasie durchspielen, statt sie zurückzulassen und unbeschwert zum Nächsten gehen. Weise Menschen werden immer wieder im Gewand von Wanderern dargestellt. Wie kann ein Wanderer, der zu Fuß unterwegs ist, Dinge horten, wie kann er Dinge mitnehmen auf seiner Wanderschaft, die ihm nicht bald zu schwer würden? Also läßt er alles zurück und erhält dafür vielleicht etwas, was ihm mehr bedeutet als alles, was er bisher erfahren hat.

LEG' ES NIEDER

Ein Mann erfuhr von einem großen Weisen, der jenseits des Meeres wohnte. Als die Sehnsucht nach diesem Weisen immer stärker in ihm wurde, entschloß er sich, alles, was er besaß, zu verkaufen und zu verschenken, um so unbelastet zu diesem weisen Mann zu gelangen.
Nach langer und beschwerlicher Reise über den Ozean, über hohe, verschneite Berge und

tiefe Täler, erreichte er jenseits der hohen Mauer endlich das Domizil des Weisen. Als er vor ihm saß, sagte er: »Verehrungswürdiger, ich habe alles, was mir gehörte verkauft und verschenkt, um unbelastet zu Dir zu kommen.«
Da sagte der weise Mann: »Leg' es nieder!«

Eine zweite Geschichte, die diese erste kommentiert, ist folgende:

JOSHUS ZEN

Joshu begann mit dem Studium des Zen, als er sechzehn Jahre alt war, und setzte es bis zu seinem achtzigsten Lebensjahr, in welchem er Zen verwirklichte, fort.
Er lehrte vom achtzigsten Lebensjahr, bis er das Alter von hundertzwanzig Jahren erreicht hatte.
Einst fragte ihn ein Schüler: »Wenn ich nichts in meinem Geist habe, was soll ich dann tun?«
Joshu antwortete: »Wirf es hinaus.«
»Aber wenn ich gar nichts habe, wie kann ich es dann hinauswerfen?« fuhr der Frager fort.
»Nun«, sagte Joshu, »dann trage es hinaus.« (REPS Paul, S 58)

Manche Mönche setzen sich in einen völlig leeren Raum, vor eine leere Wand, um zu meditieren. Die werden das auch noch hinaustragen, was Joshus Schüler, den er offensichtlich liebte, übriggelassen hat.

Und warum sollte nicht eine dritte Geschichte die beiden ersten kommentieren?

EINE TASSE TEE

Nan-in, ein japanischer Meister der Meiji-Zeit (1868 - 1912), empfing den Besuch eines Universitätsprofessors, der etwas über Zen erfahren wollte.
Nan-in servierte Tee. Er goß die Tasse seines Besuchers voll und hörte nicht auf weiterzugießen.
Der Professor beobachtete das Überlaufen, bis er nicht mehr an sich halten konnte. »Es ist übervoll. Mehr geht nicht hinein!«
»So wie diese Tasse«, sagte Nan-in, »sind auch Sie voll; voll mit Ihren eigenen Meinungen

und Spekulationen. Wie kann ich Ihnen Zen zeigen, bevor Sie Ihre Tasse geleert haben?« (REPS Paul, S 21)

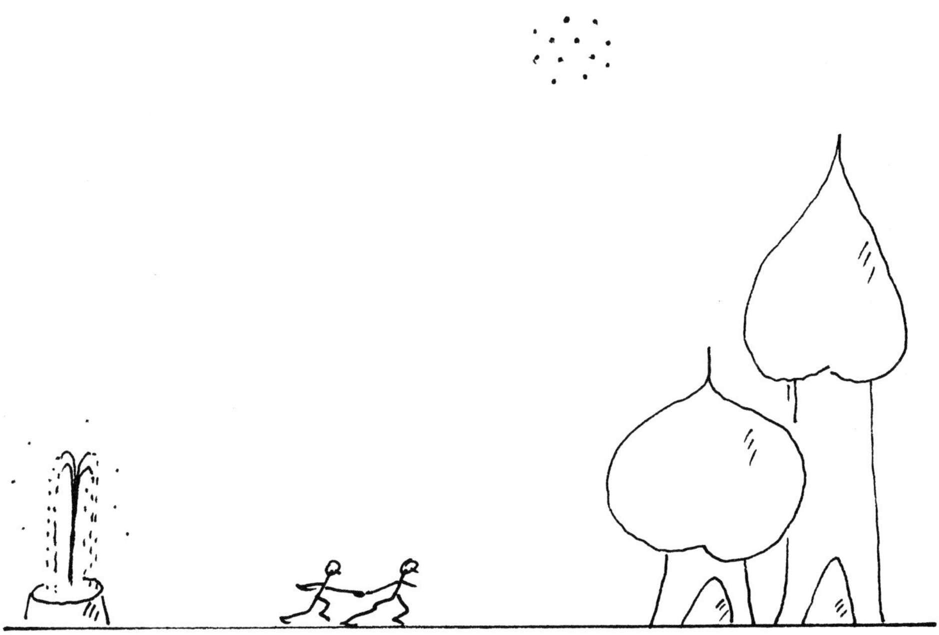

MIT RITUELL-KONTEMPLATIVEN ÜBUNGEN LAUFEN

> EINLEITUNG UND GESCHICHTE

Wir sollten aus allem, was wir tun, ein lebendiges Ritual machen.
Das Leben ist ein großes Fest. »Das Leben als Fest«.
Wer das Leben schätzt und liebt, wird es mehr und mehr zelebrieren. Es macht den Unterschied: Ob man so dahinlebt oder ob man jeden Augenblick in seiner Kraft und Schönheit bewußt kostet, feiert. So könnte man das ganze Leben - über die Unbillen der Zeit hinweg - zu einer einzigen großen Feier gestalten. Wenn wir tief in uns hineinhören, vernehmen wir vielleicht die Gewißheit des inneren Rufs, zu diesem Fest geladen zu sein.

DER LAHME UND DER BLINDE

Ein Lahmer betrat eines Tages das Wirtshaus und setzte sich neben einen Mann, der dort schon saß. »Nie werde ich am Festschmaus des Sultans teilnehmen können«, seufzte er, »denn durch mein Gebrechen kann ich nicht schnell genug laufen.«
Der andere Mann hob den Kopf und sagte: »Auch ich bin eingeladen, aber meine Lage ist noch schlimmer als Deine. Ich bin blind und kann den Weg nicht sehen, obgleich auch ich eingeladen wurde.«
Ein Dritter, der ihr Gespräch mitangehört hatte, sagte: »Begreift doch, daß Ihr beide zusammen Euer Ziel erreichen könnt. Der Blinde kann mit dem Lahmen auf dem Buckel gehen. Du kannst Dich der Füße des Blinden bedienen, und Dich können die Augen des Lahmen führen.«
Auf diese Weise konnten die beiden das Ende der Straße erreichen, wo das Fest sie erwartete.
Sie machten jedoch auf ihrem Weg in einem anderen Wirtshaus halt, um sich auszuruhen. Dort erklärten sie zwei anderen Männern, die trostlos beisammen saßen, ihre Lage. Von diesen beiden war der eine taub, und der andere stumm. Auch sie waren beide zu dem Fest geladen. Der Stumme hatte es gehört, aber es war ihm nicht möglich, es seinem Freund,

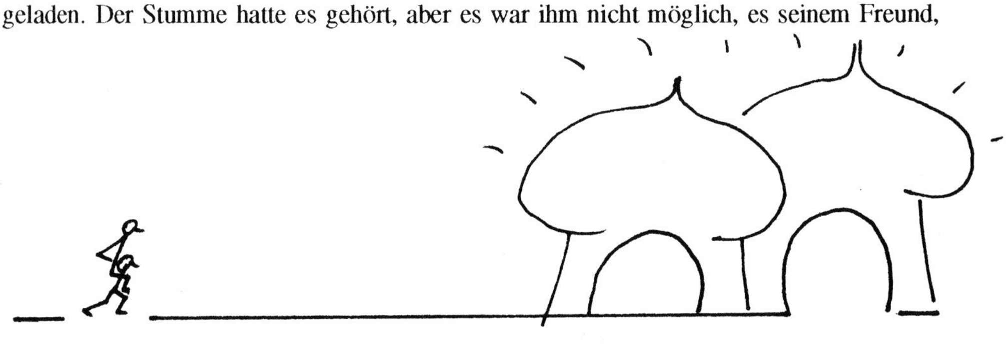

dem tauben Mann, zu erklären. Der Taube konnte sprechen, aber wußte nichts.

Weder der eine, noch der andere kam zum Fest; denn diesmal war kein dritter Mann da, ihnen zu erklären, daß es da eine Schwierigkeit gab - geschweige denn, wie sie sie lösen könnten (SHAH Idries <c> S 110).

Das Leben als Spiel. Das Leben ist ein Spiel. Letztendlich: das Leben ist ein göttliches Spiel.

Wir brauchen wieder die Bejahung des Spieltriebes; er führt uns vom Spiel zum Ernst, von der spielerischen Erkundung der menschlichen Landschaft zur Entdeckung des kryptischen Zugangs, zum Innersten. Selbst zu fühlen, welches »Spiel« uns gut tut. So wie Kinder ihre eigenen Spiele erfinden, um dann mit ihnen Ernst zu machen, so könnten wir es in diesem Bereich auch tun. Es braucht niemanden, der uns etwas zeigt oder vormacht, es bedarf nur unserer eigenen Ernsthaftigkeit, des Muts und heiligen Ernstes der Durchführung. Jeder Mensch trägt in sich selbst ein natürliches Gefühl, welche Spiele und Rituale ihm gut tun; darauf sollten wir wieder mehr hören, um falsche Propheten rechtzeitig zu entlarven.

39. ÜBUNGEN »LAUFE WIE EIN TANZ...«

Man läuft mit den folgenden Themen, Bildern und Vorstellungen, in die man sich voll konzentriert einläßt und sich ganz auf sie einlassend in sie hineinbewegt.

a. »LAUFE WIE EIN TANZ«
b. »LAUFE WIE EIN KREIS«
c. »LAUFE WIE DIE SONNE«
d. »LAUFE WIE IN EINEM RITUELLEN TANZ«
e. »LAUFE WIE EIN GEBET«

40. ÜBUNG »DEN LAUF EINEM IDEAL WIDMEN«

Das Schönste tuend
opfert man.

a. Man bewegt sich wieder - wie oben - in einer rituellen Laufhaltung und widmet diesen Lauf zum Beispiel den Idealen von wirklicher »Anmut und Schönheit«. Man macht ihn zu einem bewegenden Ritual für Anmut und Schönheit.
Dabei zeigt und »opfert« man das Anmutigste und Schönste in einem, gleichsam zu Ehren eines Höheren, man tut es nicht als Selbstzweck.
Wer sich fragt, wie das geht, probiert es am besten gleich aus.

b. Weitere Anregungen sind, diesen Lauf
dem inneren Frieden,
dem Frieden in der Welt,
der Lebensfreude,
dem Gleichklang,
der Würde,
der Demut,
der inneren Kraft und Ähnlichem zu widmen.

c. Man beobachtet, ob sich die Bewegungen bei unterschiedlichen Idealen ändern. Man läßt sich von den Inhalten beeinflussen, bewegen, leiten und führen.

\> KOMMENTAR

Ein ganz kleines Stück Selbst-Aufgabe, Hingabe an etwas Größeres, Umfassenderes, Wei-

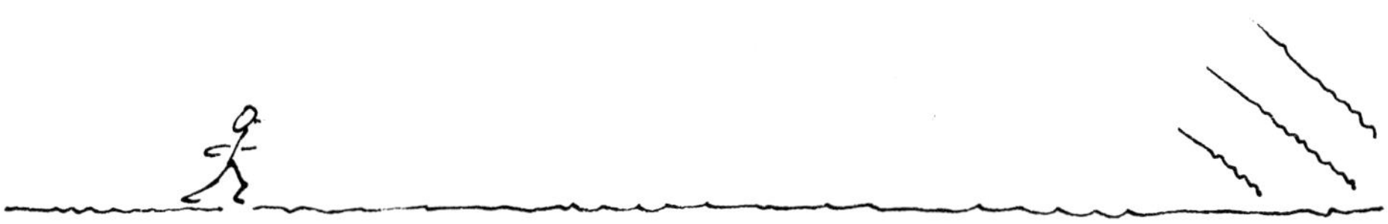

teres als wir selbst als singuläre Personen sind, verlangt und fördert diese meditative Laufart von uns.

Anmut und Schönheit sind etwas Angeborenes. Kleine Kinder haben von Geburt an eine wohlgestreckte, aufrechte, anmutige Körperhaltung. Achtet man auf den Bereich des oberen Rückens, Nackens und Hinterkopfes, so kann man unschwer sehen, daß sie sich so halten, daß man ihnen jederzeit gerne liebevoll über ihren Hinterkopf streicheln möchte. Fehlhaltungen ergeben sich erst später.

Wir widmen dieses Buch unseren Eltern oder Lehrern.

Wir widmen diesen Tag unserem Geliebten.

Wir widmen dieses Jahr Mozart.

Wir widmen...

Warum können wir dann nicht auch diesen, heutigen Lauf einem guttuenden Ideal widmen?

Die Frage ist, wie man mehr Schönheit, mehr Klarheit, wirkliche Stärke in diese Welt bringen kann? Ich würde sagen: günstig ist es, bei sich selbst zu beginnen. Wie kann man sich selbst zu einem »Werkzeug« machen, durch das das höhere Selbst in uns wirksam werden kann. Es sind die höheren Werte, die unser Leben reich, unser Dasein sinnvoll, uns als Menschen menschlich werden lassen. Es sind die höheren Werte, die sinnstiftend und kulturbildend sind.

Ehre und Ruhm verblassen,
die Lüge geht trostlos unter,
aber die Wahrheit wird leben und leuchten
und nie untergehen.

DIE SCHÖNE UND DIE HÄSSLICHE

Als Yang-Tse nach dem Staate Sung kam, verbrachte er eine Nacht in der Herberge.

Der Wirt hatte zwei Beischläferinnen, eine schöne und eine häßliche. Die Häßliche ehrte er; die Schöne verachtete er.

Yang-Tse fragte einen Herbergsdiener, warum dies so sei. Der antwortete: »Die Schöne weiß um ihre Schönheit, und wir sehen ihre Schönheit nicht. Die Häßliche weiß um ihre Häßlichkeit, und wir sehen ihre Häßlichkeit nicht« (TSCHUANG-TSE, S 67).

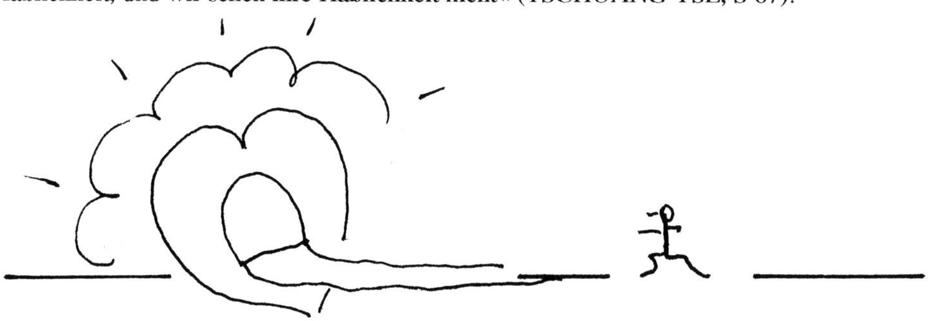

41. ÜBUNG »DIESEN LAUF ZU EINEM RITUAL MACHEN«

a. Man beginnt, nachdem man sich freigelaufen hat, sich mit dem Thema »rituelles Laufen« fortzubewegen. Nur Mut! Man experimentiert ganz naiv mit rituellen Laufbewegungen.

b. Man experimentiert damit, wie der Unterschied der Bewegung ausfällt, wenn man sich einerseits auf Leistung konzentriert und andererseits auf eine rituelle Fortbewegungsart.

> FREIHEIT

Wem dieser Ausdruck »rituelle Fortbewegung« nichts sagt, läßt diese Übung einfach beiseite.

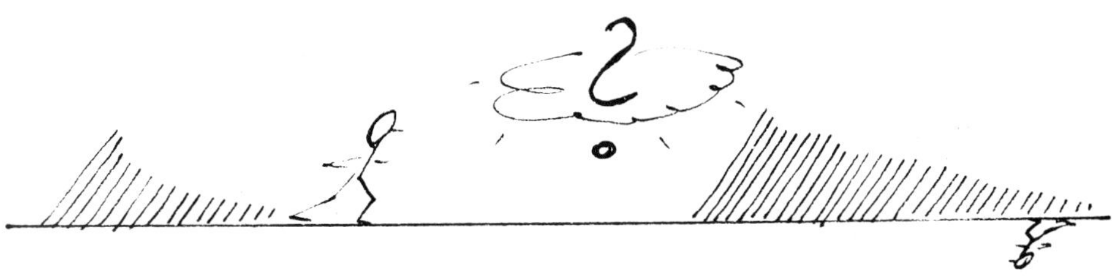

42. ÜBUNG »SPIRITUELLE ZENTREN ATMEN«

a. Man konzentriert sich auf einem nahe stehende spirituelle Zentren in der Welt, auf Orte, die einen persönlich und gefühlsmäßig berühren, bewegen, einem als Mensch etwas sagen.

b. Man lenkt seinen Atem dorthin, atmet die Ausstrahlung des jeweilig heiligen Ortes ein und atmet beim Ausatmen in ihr Wesen hinein.

> KOMMENTAR

Die kontemplative Komponente ist nicht jedermanns Sache. Das meditative Element besteht zuerst in der Entspannung, dann im Loslassen vom Ichhaften und in der Besinnung auf den Ursprung alles Seins im Göttlichen (Kontemplation). Das kontemplative Element bringt das transzendente Thema klar in den Vordergrund. Die ganze Kraft und Intensität wird in der meditativen-kontemplativen Konzentration indirekt oder direkt auf das Göttliche in uns, in der Welt und im Kosmos gerichtet. Die Übung »Wer ist es, der da läuft?« (Nr. 43) hat das Ziel, das strahlende Selbst als Abbild des Göttlichen in uns zu erinnern und zu aktivieren. Die »Anrufung Avalokiteshvaras« (Nr. 44) ist offensichtlich unmittelbare Form der Kontemplation. Man kann sich auch auf jede andere heilige oder einem emotional nahestehende göttliche Gestalt konzentrieren und diese meditieren, zu dieser meditativ vordringen.

In der Übung »Flammen in die Energiezentren atmen« (Nr. 45) findet sich ein indirekter meditativ-kontemplativer Zugang.

43. ÜBUNG »WER IST ES, DER DA LÄUFT?«

Man synchronisiert seine Atmung mit den einzelnen Worten dieser Frage. Auf je eine Ausatmung spricht man innerlich stimmlos das jeweilige Wort der Frage:

»Wer.....

ist.....

es,.....

der.....

da.....

läuft?.....«

Nach sechsmaligem Ausatmen beginnt man die Frage wieder von Neuem zu formulieren.

\> KOMMENTAR

Die alte spirituelle Frage nach dem »Wer bist Du?« oder dem »Wer ist es, der da denkt?« taucht hier wieder auf. Transponiert auf das rhythmische Traben lautet sie eben »Wer ist es, der da läuft?« So fragend sollte man nicht versuchen die Tiefe dieser Frage mit dem diskursiven Verstand auszuloten. Im Gegenteil: das diskursive Denken kontrollierend, stellt man die Frage immer wieder innerlich und lauscht in die Leere, aus der die einzig sinnvolle Antwort dringen wird - spätestens wenn man sie hunderttausendmal gestellt haben wird.

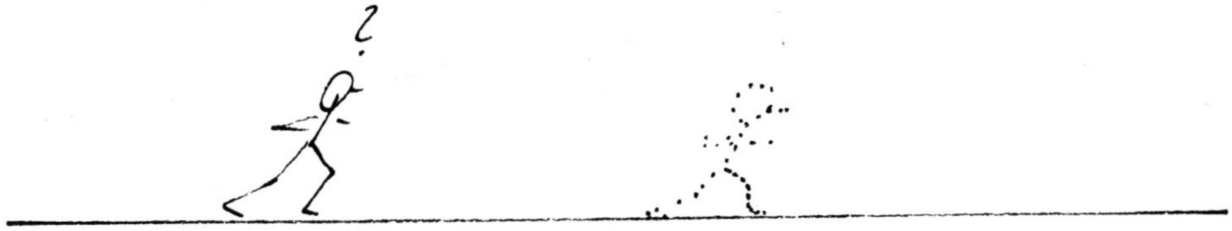

44. ÜBUNG »ANRUFUNG AVALOKITESHVARAS«

a. Wie in der vorigen Übung »Wer ist es, der da läuft?« spricht man jetzt bei jedem Mal ausatmen das tibetanische Mantra

OM...

MANI...

PADME...

HUM...

b. Man stellt sich vor, daß man jedes Wort dieses Mantras, aus der Mitte der Brust lichtvoll herausatmend, leicht aufwärts sendet.

c. Man stellt sich vor, daß Avalokiteshvara, der mitfühlende Buddha Tibets, innerlich schräg über einem steht und auf einen, auf die Welt und alle Wesen voll wahrer Güte und Verständnis herabblickt. Avalokiteshvara wird als durch und durch mitfühlendes göttliches Wesen dargestellt. Er blickt auf die Welt herab mit Tränen des wahren Mitgefühls in den Augen, Mitgefühl, das er unterschiedslos für jedes Wesen der Welt verströmt.

Menschen, die mehr Zugang zu Maria haben, können das genauso mit ihrem Bildnis machen; Maria ist ja ähnlich wie Avalokiteshvara eine mitfühlende göttliche Gestalt, an die man sich in der Not wendet.

d. Man stellt sich vor, daß die jeweils göttliche Gestalt von innen heraus leuchtet und Licht ausstrahlt und man mit seiner Atmung in dieses Licht hineinatmet und einatmend dieses Licht des Bewußtseins in sich hineinzieht.

> KOMMENTAR UND GESCHICHTE

Wahres Mitgefühl und Mitleid - keine sehr modernen Eigenschaften - sind wohl zu unterscheiden von falscher und übermäßiger Fürsorge, von Überbesorgtheit, von Sentimentalität und frömmelndem Verhalten. Wahres Mitgefühl ist etwas äußerst Kraftvolles und dennoch etwas zutiefst Weiches und Feines.

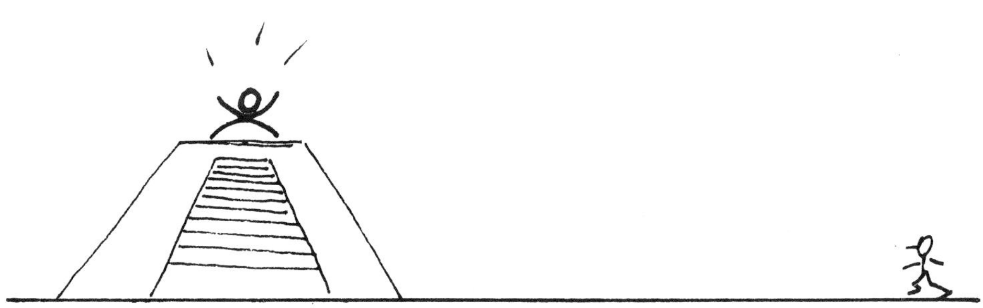

Die Möglichkeit zum Mitgefühl und die Fähigkeit des Mitleidens bezeichnen die Größe der Herzensbildung des Menschen und sind als solche zentralste Kontaktfunktionen. Die Qualitäten des Mitfühlen-Könnens eröffnen die Möglichkeit des tiefen Verständnisses der Vielfalt der Wesen von irdischer, ideeller und himmlischer Natur.

Das Mantra OM wird durch den Dalai Lama wie folgt erklärt:

OM ist aus drei Buchstaben, nämlich A, U und M zusammengesetzt und symbolisiert sowohl den unreinen als auch den reinen Körper, sowohl die unreine als auch die reine Rede, sowohl das unreine als auch das reine Bewußtsein.

MANI heißt Juwel und symbolisiert die Methode der uneigennützigen Intention nach Erleuchtung zu streben, symbolisiert weiters heilende Hinwendung und Liebe.

PADME heißt Lotus und symbolisiert Weisheit.

HUM bedeutet Unteilbarkeit von Methode und Weisheit und symbolisiert Einheit und Reinheit.

Von Interesse ist, daß die Gottheit, die aus dem Wasser ihrer Tränen Welt und Wesen schafft, nicht nur auf den Buddhismus (Avalokiteshvara ist der mitfühlende Buddha) beschränkt ist, sondern sich bei indianischen Mythen und auch im ägyptischen Mythenschatz findet, wie hier im nachfolgenden Schöpfungsmythos, der die Entstehung der Welten und Menschen durch Osiris allein zeigt.

ÄGYPTISCHER SCHÖPFUNGSMYTHOS

Ich, Chepra, bin der Schöpfer all dessen, was Leben in sich trägt, nachdem ich selbst in uralten Zeiten ins Leben trat. Selbst erzeugte ich mich aus dem Urwesen, mein Name ist Osiris, das Urwesen aus dem Urstoff.

Ich war der Herr über alle Welt, und die ganze Welt war von mir erfüllt, denn ich war allein. Die Götter waren noch nicht entstanden. Es gab auch sonst noch keine anderen Geschöpfe und Wesen, ich war ganz allein, und ich erschuf alles, was erschaffen ist. Kein Wesen half mir, ich allein erschuf alles.

Dann hob ich die ins Leben getretenen Wesen aus dem Urwasser, dem Zustande des Nichtseins empor, obwohl ich noch keinen festen Platz fand, darauf zu stehen. In meinem Herzen formte ich ein herrliches Bild, den Uranfang legte ich für mich. So erschuf ich alles Lebendige, und es entstanden viele Wesen, die wiederum andere Wesen erzeugten. Ich spie die Gestalten von Schu und Tefent aus und wurde damit aus einem Gott zu einer dreifachen Gottheit, ja aus mir selbst kamen zwei Götter zum Leben.

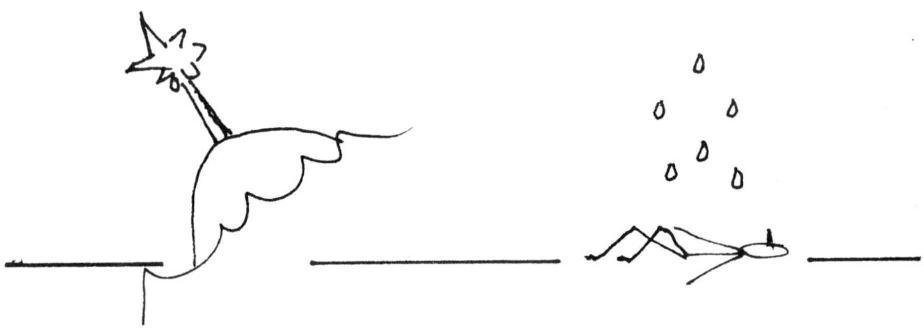

Schu und Tefent wurden aus dem Urwasser, aus mir selbst hervorgehoben, und dann entstand die Pflanzenwelt.

Als ich weinte, entstanden die Menschen aus meinen Tränen. Schu und Tefent gaben Geb und Nuth das Leben, Geb und Nuth erweckten die anderen Götter, und diese riefen unzählige Wesen auf der Erde ins Leben. Sie alle rufen meinen Namen an, sie vernichten ihre Feinde, sie äußern Worte der Kraft (HALBFAS Hubert S 120).

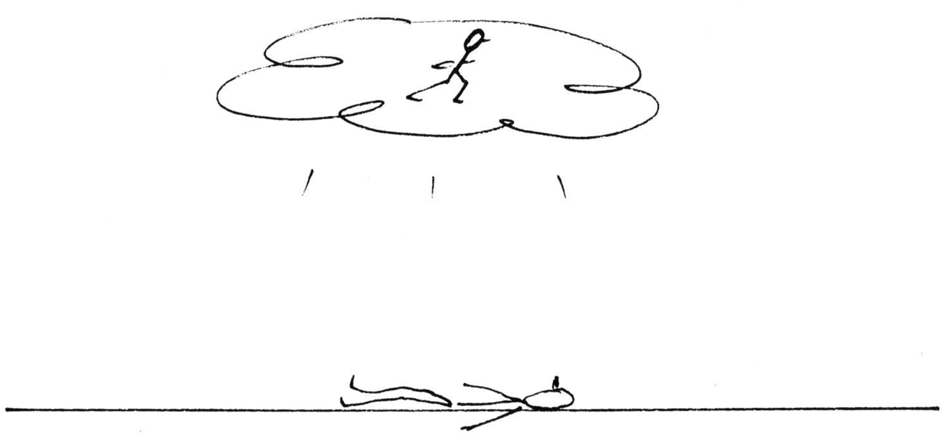

45. ÜBUNG »FLAMMEN IN DIE ENERGIEZENTREN ATMEN«

a. Man visualisiert jedes Chakra des Körpers als Energiezentrum wie in einem planetarischen Raum oder wie in einem mikroskopisch einsehbaren, mit Raumgittern durchzogenen Raum.

Man zieht alles Licht und alle Energie in dieses visualisierte Chakra.

b. Beim Ausatmen bläst man mit dem Atem in das Zentrum des Chakras und bläst eine kleine Glut, die man sich im Zentrum vorstellt, zur kleinen Flamme an; zugleich stellt man sich im Ausatmen vor, wie Licht und Energie von der Mitte des Chakras weit nach außen strahlen.

c. In dieser Weise geht man alle sieben Zentren von unten nach oben durch.

> KOMMENTAR UND GESCHICHTE

Der Mensch ist wie eine Sternschnuppe, die längst in der Nacht verglühte und von der man einst erzählte.

Der Mensch schwingt wie die große Leere vor der Entstehung der Welten. Woher wir kommen, wohin wir gehen, wieweit die Erklärung reicht, wird uns Aufmerksamen gezeigt.

DAS PARADIES DER LIEDER

Ahangar war ein großer Waffenschmied, der in einem der entlegendsten östlichen Täler Afghanistans lebte. In Friedenszeiten machte er eiserne Pflüge, beschlug Pferde und liebte vor allem den Gesang.

Die Lieder Ahangars, den man in verschiedenen Teilen Zentralasiens unter verschiedenen Namen kennt, wurden von den Bewohnern der Täler gerne gehört. Sie kamen aus großen Walnußwäldern, vom schneebedeckten Hindukusch, aus Qataghan und Badakshan, aus Khanabad und Kunar, aus Herat und Pagman, um seinen Liedern zu lau-chen. Am liebsten hörten sie das Lied der Lieder, Ahangars Gesang vom Tal des Paradieses.

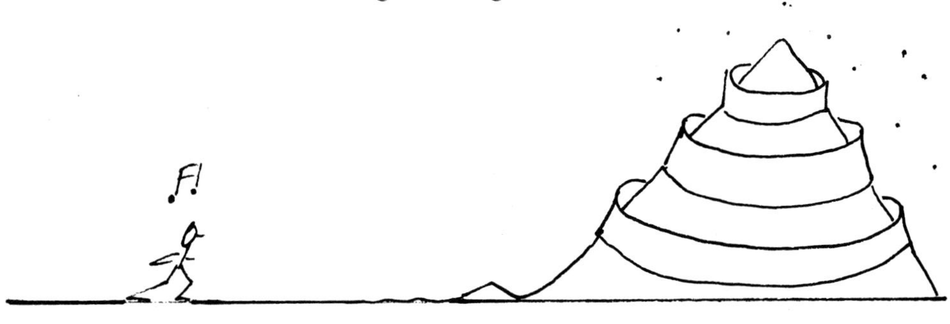

Dieses Lied, mit seinem eigenartigen Rhythmus ging einem nicht aus dem Ohr, aber es war vor allem die seltsame Geschichte, die es erzählte, die den Zuhörern das Gefühl gab, sie kennten dieses ferne Tal des Paradieses, von dem der Schmied sang.

Oft baten sie ihn um dieses Lied, wenn ihm nicht der Sinn danach stand, und dann weigerte er sich.

Manchmal fragten sie ihn, ob es dieses Tal wirklich gäbe, und Ahangar konnte nur sagen: »Das Tal des Liedes ist so wirklich, als es wirklich sein kann.«

»Aber woher weißt Du das?« fragten die Leute, »bist Du je dort gewesen?«

»Nicht direkt«, sagte Ahangar.

Für ihn und alle, die ihm zuhörten, war jedoch das Tal des Liedes so wirklich, als es wirklich sein kann.

Aischa, ein Mädchen aus der Gegend, das er liebte, zweifelte, ob es einen solchen Ort gäbe. Das tat auch Hasan, ein prahlerischer und dabei ängstlicher Krieger, der geschworen hatte, Aischa zu heiraten, und keine Gelegenheit ausließ, sich über den Schmied lustig zu machen.

Eines Tages, als die Dorfbewohner schweigend in der Runde beisammen saßen, nachdem Ahangar ihnen seine Geschichte erzählt hatte, sagte Hasan: »Wenn Du glaubst, daß es dieses Tal wirklich gibt und, wie Du behauptest, dort drüben hinter den Bergen von Sangan liegt, wo der blaue Dunst aufsteigt, warum versuchst Du dann nicht, es zu finden?«

»Ich weiß, daß es nicht gut wäre«, sagte Ahangar.

»Du weißt das, was in Deinen Kram paßt«, schrie Hasan, »und das, was Du nicht wissen willst, weißt Du nicht! Also, Freund, ich schlage einen Versuch vor. Du liebst Aischa, aber sie mißtraut Dir. Sie glaubt nicht an dieses lächerliche Tal, von dem Du erzählst. Du wirst sie nie heiraten können, denn wenn zwischen Mann und Frau kein Vertrauen herrscht, sind sie nicht glücklich und es wird böse enden.«

»Du meinst also, ich soll in das Tal gehen?« fragte Ahangar.

»Ja«, sagte Hasan und die Zuhörer pflichteten bei.

»Wenn ich hingehe und gesund zurückkomme, wird Aischa mich dann heiraten?« fragte Ahangar.

»Ja«, murmelte Aischa.

Ahangar packte also ein paar getrocknete Maulbeeren und ein Stück Brot ein und machte sich auf den Weg zu den fernen Bergen. Er stieg und stieg, bis er zu einer Mauer kam, die die ganze Bergkette umschloß. Als er ihre steilen Wände erklommen hatte, war da eine

zweite Mauer, die noch steiler abfiel als die erste. Es folgte eine dritte, eine vierte und schließlich eine fünfte Mauer.

Als er auf der anderen Seite hinabstieg, sah sich Ahangar in einem Tal, das dem heimischen auffallend ähnelte. Menschen kamen heraus und begrüßten ihn, und als Ahangar sie sah, bemerkte er, daß etwas sehr Seltsames geschah.

Monate später kehrte Ahangar, der Schmied, humpelnd wie ein alter Mann, in sein Heimatdorf und zu seiner bescheidenen Hütte zurück. Als sich die Kunde seiner Rückkehr im Lande herumgesprochen hatte, versammelten sich die Leute vor seinem Haus, um zu hören, was er erlebt hatte. Hasan, der Krieger, sprach für alle und rief Ahangar ans Fenster. Der Atem stockte ihnen, als sie sahen, wie alt er geworden war.

»Nun, Meister Ahangar, seid Ihr in das Tal des Paradieses gekommen?«

»Das bin ich.«

»Und wie war es dort?«

Ahangar, der nach Worten suchte, betrachtete die Menge vor sich mit einer nie zuvor gekannten Müdigkeit und Hoffnungslosigkeit.

Er sagte: »Ich stieg und stieg und stieg. Als ich schon glaubte, in einer solch verlassenen Gegend könne es keine menschliche Behausung geben, kam ich nach vielen Schwierigkeiten und Enttäuschungen doch in ein Tal. Dieses Tal war genau wie das unsrige. Und ich sah die Bewohner. Diese Leute gleichen uns nicht nur, sie sind dieselben. Für jeden Hasan, jede Aischa, jeden Ahangar, für jeden hier von uns, gibt es in jenem Tal jemand, der genau der gleiche ist.

Zunächst halten wir das für Ähnlichkeiten und Widerspiegelungen. Aber wir sind ihre Abbilder und Spiegelbilder, wir, die wir hier sind, wir sind ihre Zwillinge...«

Jeder glaubte, Ahangar sei auf Grund der Entbehrungen verrückt geworden, und Aischa heiratete Hasan, den Krieger. Ahangar wurde sehr schnell alt und starb. Und alle Leute, die diese Geschichte aus seinem Munde gehört hatten, verloren ihren Lebensmut, wurden dann alt und starben, denn sie spürten, daß etwas Unkontrollierbares bevorstand, das ihnen keine Hoffnung ließ und sie damit jeder Lebensfreude beraubte.

Nur einmal in tausend Jahren wird dieses Geheimnis einem Menschen offenbar. Der es erlebt, ist verändert. Wenn er die bloßen Fakten anderen erzählt, welken sie dahin und sterben.

Die Menschen halten ein solches Ereignis für eine Katastrophe, und daher dürfen sie nichts davon erfahren, weil sie nicht verstehen können - so ist nun einmal ihr normales Leben

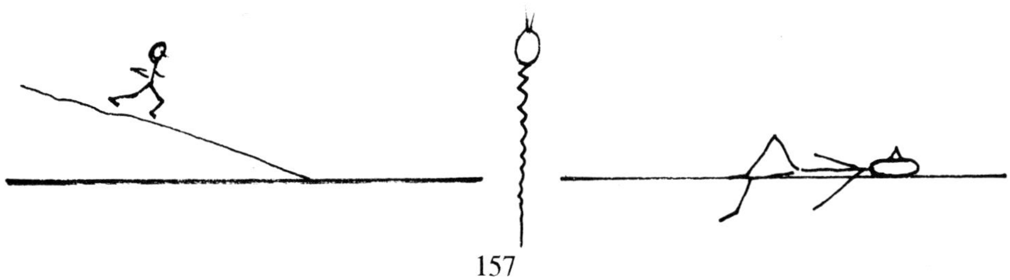

eingerichtet - daß sie mehr als ein Selbst haben, mehr Hoffnungen als nur eine, mehr Chancen als nur eine - dort oben im Paradies des Liedes des großen Schmieds Ahangar (SHAH Idries, <b> S 52).

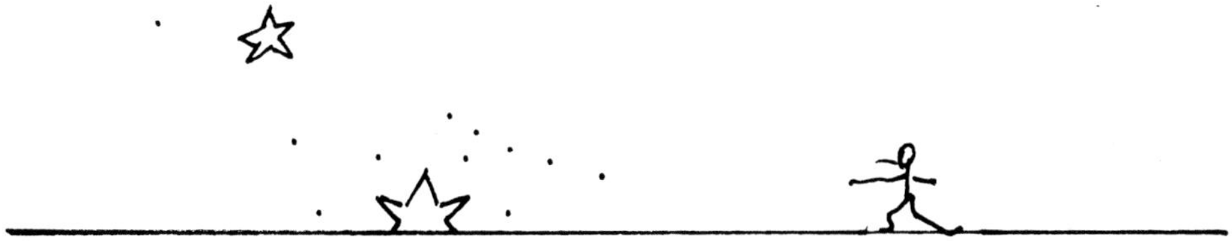

46. ÜBUNG »ATMEN VON EIGENSCHAFTEN«

a. Man konzentriert sich nur auf die Atmung. Einatmen. Ausatmen...

b. Man verbindet den Atem mit verschiedenen »hohen« Eigenschaften. Man atmet zum Beispiel Freude ein und atmet Freude aus. Beim Ausatmen stellt man sich vor, den Kosmos, das ganze Universum über den Atem mit Freude auszufüllen.

c. Andere hohe Eigenschaften können sein:

Liebe,
Weitherzigkeit,
Frieden,
Stille,
Freundlichkeit,
Schönheit,
Wahrheit,
Leere,
Glanz,
Mitgefühl,
Souveränität,
Erkenntnis,
Glück...

Man atmet jene Eigenschaften, die einem im Augenblick am meisten fehlen: Erweiterung.

> KOMMENTAR

Diese Meditation ist im Laufen sehr leicht zu praktizieren. Man muß jedoch wirklich

»hohe« Eigenschaften atmen, sonst kann die Übung nicht ihre Wirkung entfalten.

Die Wirkung dieser Atmung ist für den, der sich ernsthaft darauf einlassen kann, intensiv. Die Eigenschaften, die so meditiert werden, werden sich im Betreffenden zunehmend vergrößern und entfalten.

Generell ist zu sagen: Je abstrakter die Inhalte der Meditation, desto »höher« ist in der Regel die Meditationsform.

Diese Begriffe wie »Freude«, »Wahrheit«, »Erkenntnis« entlassen eine Emotion, die sehr fein ist, die jemand, der empfindsam und durchlässig ist, erfahren kann.

47. ÜBUNG »ZUR NATÜRLICHKEIT DER NATUR HINLAUFEN«

a. Man atmet sich im Ausatmen bewußt und konzentriert zur Natur hin und atmet diese einatmend in sich ein. Man konzentriert sich nur auf den Inhalt »Natur«. Man blickt die Teile der Natur an, atmet zu ihnen bewußt hin, in sie hinein und atmet die Essenz der Natur in sich wieder ein.

b. Man atmet sich im Ausatmen zur Natur hin. Im Einatmen atmet man ihre Natürlichkeit tief in sich ein.

> KOMMENTAR

Die Natur ist der Ausgangs- und Endpunkt unseres Seins, ist Wiege, Basis, Heimstatt, Altar und Grab. Ihre Kräfte geben uns Kraft. Ihre Strukturen geben uns Wohnstatt. Ihre Säfte stillen unser Verlangen. Ihre Vielfalt, unsere Vielfalt. Ihre Schönheit, unsere Freude. Ihre Anmut läßt Lächeln in uns aufgehen. Ihre ruhige Kraft verleiht unserer innerern Stille Seligkeit. Ihre Natürlichkeit erquickt unsere Seele mit Überraschung jeden Tag aufs Neue.

Wer die Beziehung zur Natur verliert, verliert sich selbst, ist wie ein untergegangener Stern, der sich in seine eigene Schwärze saugt. Wer ihre ewige Natürlichkeit schaut, schaut ihre ewige Natürlichkeit. Das sanfte Wiegen eines Astes. Wie Blätter sich anmutig auffächern. Blütenfarben leuchten auf. Der Sonnenuntergang. Der Wind, der am Abhang die Blumen und Gräser beugt.

Laufe so,
daß Du für jeden Atemzug dankbar bist.

Willst Du glücklich sein,
beginne damit!

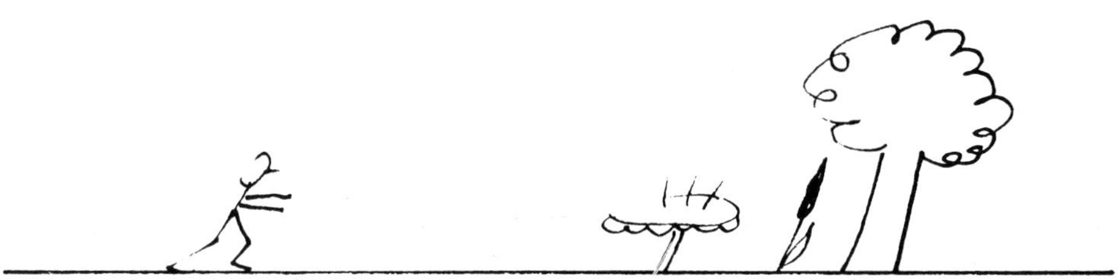

48. ÜBUNG »NICHT AUS-ATEM, NICHT EIN-ATEM: DU BIST DER ATEM!«

a. Man konzentriert sich auf den Aus-Atem und den Ein-Atem, - nur auf den Vorgang des Ausatmens und nur auf den Vorgang des Einatmens. Man spricht innerlich wortlos »Ich atme aus..., ich atme ein..., ich atme aus..., ich atme ein...«.

b. Dann erinnert man sich, daß der Atem auch Odem ist, ein himmlischer Teil, göttliche Lebensenergie, göttliche Energie, prana. Und man atmet bewußt diese Energie in jede Zelle seines Körpers ein, und stellt sich vor, daß der gesamte Organsimus dadurch erfrischt und belebt wird.

c. Zuletzt identifiziert man sich mit dem Atem selbst. Man identifiziert sich nicht mit dem Aus-Atem und man identifiziert sich nicht mit dem Ein-Atem. Man identifiziert sich mit dem Atem selbst.

Wenn der Aus-Atem von Drinnen nach Draußen geht und der Ein-Atem von Draußen nach Drinnen, dann fragt man sich, während man sich mit dem Atem selbst identifiziert: »Wo ist dann dieser ganze Atem?« Und sich zu identifizieren bedeutet, daß man dieser Atem ganz und gar ist.

Wenn der Aus-Atem von Drinnen nach Draußen geht und der Ein-Atem von Draußen nach Drinnen, dann fragt man sich, während man sich mit dem Atem selbst identifiziert: »Wo ist dann dieser ganze Atem?«

> KOMMENTAR

Die Wissenschaft vom Atem ist eine hohe Wissenschaft. Aber es gibt noch Reiche, die jenseits des Atems liegen. Der Atem ist wie Pegasus, er ist unser edles Tragtier, er bringt uns hinan in lichtvolle Reiche, in Gegenden von Schönheit, von Harmonie, von Frieden. Der Atem zeigt jenen Übergang von Form und Nicht-Form, von Sein und Nicht-Sein, zu noch etwas ganz Anderem, zur Erfahrung des Wesens selbst. Dort müssen wir Pegasus zurücklassen, anbinden an den Glanz der Wolken und weiterziehn'.

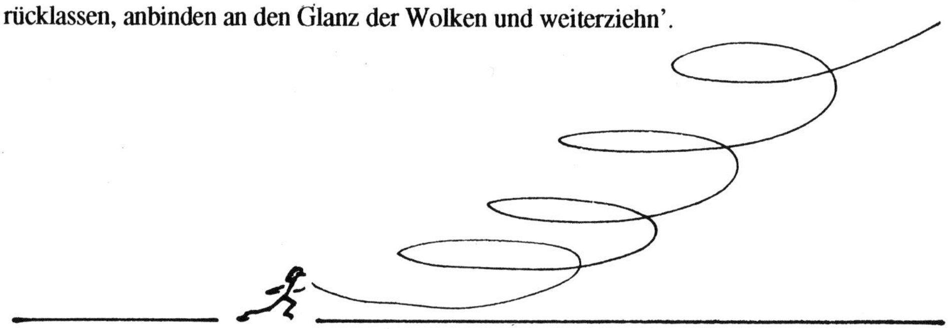

G. ZUM STELLENWERT DER MEDITATION IN DER PSYCHOTHERAPIE

Ein Ja zur FREUDschen Tiefenpsychologie mit ihrer zentralen Theorie des Unbewußten; ein Ja zu ihrem Wert für das Alltägliche, für ihre unabdingbare Brauchbarkeit zur Problemlösung und Lebensbewältigung, zu ihrem hohen Stellenwert ihres Bewußtseins von Übertragungs- und Verdrängungsphänomenen.

Ein Ja zu C.G. JUNG, der das Bewußtsein über die von FREUD beschriebene Grenze hinaushob, hinein ins Archetypische und kollektive Unbewußte. JUNG schuf damit als erster neben der *Tiefenpsychologie* bahnbrechend den deutlichen Anklang einer *Höhenpsychologie.* JUNG ermöglichte durch diese Großtat sozusagen auch eine Befreiung der Seele aus den allzu eng werdenden Grenzen und einer drohenden Dumpfheit des Unbewußten, das vorwiegend als Raum angesehen wurde, wo Komplexe, Mängel, altabgestandene Gefühle, ungeliebt Verdrängtes gehortet wurde. All das Dunkle wurde vor sich selbst verbergend in dunklem Kämmerlein heimlich-unheimlich vor dem Licht des Tages, vor der Bewußtwerdung bewahrt.

Durch den Durchbruch JUNGs ins Archetypische fand die Psychologie über die individuellen Bilder und Traumsymbole Verbindung zum kollektiven Bilder-Schatz, zu hohen Mythen und kraftvollen Visionen. Damit war der Ausweg aus der vornehmlichen Angebundenheit an Probleme und Komplexe der FREUDschen Theorie wesentlich geschaffen.

Überleitend zu Sandor FERENCZI, möchte ich an dieser Stelle eine radikale Hypothese aufstellen, die sich mir über die Jahre hinweg als tiefe Gewißheit eingeprägt hat: wenn man nicht radikal bereit ist, mit den Fähigkeiten und Schönheiten der anderen Menschen in jeder Begegnung betrachtend und beachtend zu beginnen, schadet und beschädigt man bereits den anderen und sich selbst. Aus dieser Grundhaltung heraus folgt von selbst, daß man jeden Menschen und jedes Wesen auch als Lehrmeister akzeptiert. Wer behauptet, er könnte von irgendeinem unter uns nichts lernen, der schaut nicht richtig hin. Der gute Sandor FERENCZI schrieb einen vielgeschmähten Vortrag mit dem Titel »Ohne Sympathie

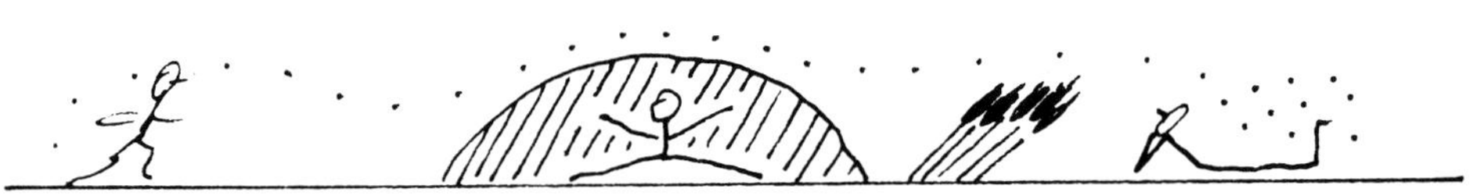

keine Heilung«. Das war auf einer anderen Ebene ein genauso wertvoller Durchbruch, wie der von JUNG. Wie mir ein lieber Freund sagte, müßte der Titel FERENCZIs von Scheu entkleidet heißen: »Ohne Liebe keine Heilung«.

Ein Ja zu Wilhelm REICH. REICH blieb dem positivistischen Weltbild treu und brachte den Körper, die Körpersprache und mit ihr verschiedene Charakterstrukturen als Bewältigungswege eines problematisch verlaufenen Lebensbeginns ins Licht der Psychologie. REICH hob die Ausdruckskraft und Formbarkeit des Körpers unter dem Eindruck der individuellen Geschichte ins Licht. Er betonte die Ungeteiltheit des Wesens auf allen Ebenen, eben auch der körperlich-physischen. Aber auch dieses Bild vom ausschließlich körperlich Faßbaren ist nur unzureichend. Denn das letztlich Entscheidende ist nicht der äußere Eindruck, das letztlich Entscheidende ist die innere Einstellung, das Wesen des Menschlichen, das sich durch Gefühl und Erfahrung, also auf entscheidend unsichtbaren Wegen, verbreitet und mitteilt. Am weitesten wagte sich REICH auf den Weg einer Höhenpsychologie mit seiner Orgonforschung, die offenbar für viele schwer verständlich und unbegreifbar blieb.

Ein Ja zu Alexander LOWEN, der abstrakte Konstruktionen REICHs wieder auf den Boden gebracht, geerdet hat; der dem Körper als Spiegel der Seele in einem elaborierten System zu Bedeutung verholfen hat; der die Facetten und Bereiche der Körpersprache weiter analysierte und das Körpersprachliche in handhabbare und zur Deutung nützliche Systeme brachte. LOWEN hat auch die Technik der Bioenergetischen Einzelanalyse weiterentwikkelt und ist für ihre Verbreitung und Ausbreitung maßgeblich zuständg (IIBA: Internationales Institut für Bioenergetische Analyse). Sich von der klassischen Psychoanalyse abgrenzend, schuf LOWEN eine eigene körperanalytische und therapeutisch relevante Identität, die er Bioenergetik und Bioenergetische Analyse benannte. Dieses therapeutische System brachte er nach Europa zurück, wo es transformiert und weiterentwickelt wurde und wird.

Ein Ja zu John PIERRAKOS, der zusammen mit Alexander LOWEN und William WALLING die Bioenergetische Analyse begründet hat und der das Meditative schon längst als ein hilfreiches Element in die Praxis der Bioenergetischen Analyse einbezieht, wie ich von einigen seiner Schüler in Erfahrung bringe.

Ein Ja zu Waldefried PECHTL. Er brachte verschiedene wesentliche Aspekte in die Theorie, Methode und Praxis der Bioenergetischen Analyse ein.

(1) Auf dem Boden des Wissens von Übertragungs- und Widerstandsphänomenen formte er die therapeutische »Technik« von der Widerstandsarbeit zur Entwicklungsarbeit. Es geht nicht mehr so sehr darum, sogenannte Komplexe, Probleme, Schwierigkeiten loszuwerden; vielmehr geht es darum, den Menschen in seinem So-Sein zu achten und ihm zu helfen, fehlende Eigenschaften dazu zu entwickeln. So kann es durch erweiterndes Wachstum zu einer Veränderung der ganzen Person kommen und zum kraftvollen Hervortreten der Persönlichkeit. Diese ganzheitliche, entwicklungsbetonende seins- und werdensorientierte Bioenergetische Analyse kann nur auf dem Boden unerschütterlicher Wertschätzung, unumstößlicher Gleichwertigkeit und Achtung Früchte tragen.

(2) Er praktiziert die Bioenergetische Analyse grundsätzlich als Ganzheitstherapie in einem viel umfassenderen Sinn als bespielsweise LOWEN und integriert sehr viele Techniken und Strömungen - sie immerzu auf die körperbezogene therapeutische Arbeit zentrierend - als handhabbares therapeutisches »Werkzeug«.

(a) »Die Bioenergetische Analyse zielt auf den ganzen Menschen, den Menschen als einzigartige Persönlichkeit, der geworden ist und wird.

Es besteht eine Balance und Wechselwirkung zwischen dem Körper, dem Geist und der Seele, die im analytischen und philosophischen Prozeßgeschehen trennend und verbindend zu behandeln ist (Ganzheit)« (Zitat aus einem persönlichen Brief).

(b) Weiters werden der Weite der menschlichen Möglichkeiten, der Potentialität des Einzelnen im Prinzip keine Grenze gesetzt; die einzige Grenze ist die, die sich als momentane Wachstumsgrenze zeigt.

(c) Sein ganzheitlicher Ansatz umgreift die ganze Spanne von Individuum bis Gesellschaft. Ein weiteres Zitat aus diesem Brief lautet sinngemäß, daß

»Wechselwirkungen zwischen
Individuum - Gruppe - Organisation - Gesellschaft
beachtet und bearbeitet werden,
wobei die Betonung und Bedeutung auf "-wirkungen" liegt.«

Siehe dazu auch: PECHTL Waldefried, <a> und <b>; DIETRICH Reinhold, »Nach-innen-Laufen« und DIETRICH Reinhold, PECHTL Waldefried »Energie durch Übungen«.

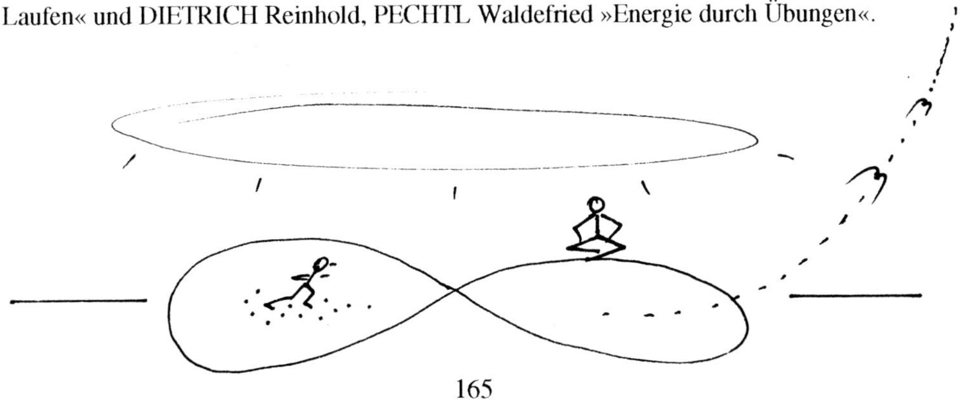

(3) Aus diesen ganzheitlichen Thesen und Ansätzen heraus schuf Waldefried PECHTL neue Modelle, Methoden und Techniken der Bioenergetischen Analyse von Personen, Gruppen und Organisationen, die von ihm wesentlich mehr gelebt und persönlich weitergegeben als in Form von Theorien veröffentlicht wurden und werden.
(4) Bemerkenswert erscheint mir auch die Gleichsetzung scheinbar verschiedener Bereiche, so wie zum Beispiel von Kunst und Therapie. Der Mensch ist ein Kunstwerk, das Leben ist ein Kunstwerk. Therapie kann nur fruchtbar werden, wenn der Therapeut den Klienten stetig wie ein Kunstwerk betrachtet, behandelt und schaut. Menschenwürde, Achtung, Respekt und Wertschätzung treten durch diese Gleichsetzung von Kunst und Therapie kraftvoll als Indikatoren des Lebendigen hervor.

Ein Ja zur DÖK, zur Deutschen und Österreichischen Gesellschaft für Körperbezogene Psychotherapie - Bioenergetische Analyse. In dieser Gesellschaft erarbeitete Waldefried PECHTL zusammen mit seinen Freunden Rainer FRANK und Albin HOFER-MOSER Techniken, Methoden und Modelle einer Fülle therapeutischer Interventionsmöglichkeiten, die den Nachkommenden als praktizierbares Handwerkszeug zur Verfügung stehen und die konkret vermittelbar sind, ohne in Verschulung zu enden. In der Breite dieser Interventionsmöglichkeiten findet das Meditative, das verzögernd Verlangsamende, das gegenwärtg Beschauliche als eine wertvolle Facette des Therapeutischen seinen angemessenen Platz.

In diesen Aussagen zeigt sich die Breite des Menschlichen, das für die Therapie und noch mehr für das Leben nutzbar gemacht wird. Aus ganzheitlicher Sicht eröffnet sich die Möglichkeit der integrativen Verschlingung und Durchdringung von wachstumsorientierter Tiefenpsychologie und definitorisch weit angesetzter Höhenpsychologie. Die Seins- und Entwicklungsorientiertheit des Denkens, Wahrnehmens und Handelns, vor allem der Betrachtung, stellt in der Psychotherapie einen Eckpfeiler dar. Der wesentliche Durchbruch dieses Ansatzes, den JUNG ja durch seine Theorie des kollektiven Unbewußten implizit schon vorbereitet hat, liegt darin, daß man nun aus der Dumpfheit der mangelorientierten Komplex- und Problemtheorien ins Licht der lebensorientierten und lichtvollen Seinsweisen blicken kann. Der Unterschied eines symptomorientierten Ansatzes und eines entwicklungs- und seinsorientierten liegt in der Praxis darin, ob man beispielsweise zu einem jungen Mann, der in tiefer Zerrissenheit mit seinem Vater leben muß, etwa sagt »Ich glaube, Sie haben ein tiefes Problem mit Ihrem Vater« oder ob man ihm

sagt »Ich glaube, wenn Sie lernen, sich von Männern helfen und unterstützen zu lassen, werden Sie wunderbare Entdeckungen machen«. In der ersten Aussage wird der bleischwere Mangel weiter beschwert, während im zweiten Weg die positiven Kräfte des Lebens und Seins vorangebracht werden und Entwicklung durch Erlaubnis schon passiert. Solche Aussagen können, solange sie technisch und manipulativ gemacht werden, nicht fruchten; sie müssen schon aus einer eigenen inneren Reife, Überzeugtheit und fundierten Gewißheit wie ein Quell entspringen und dem jeweiligen Menschen zuwachsen.

ZURÜCK ZUM STELLENWERT DES MEDITATIVEN

Aus der Sicht des Ganzheitsansatzes ist das Meditative ein sehr brauchbarer Weg hin zum Unbewußten, hinein ins Überbewußte und zurück ins Bewußte.

Der Mensch ist nicht nur ein rationales Wesen, in gleicher Weise wächst ihm das Irrationale wertvoll zu. Alltägliches und Nicht-Alltägliches verbinden sich zu sinnvollem Leben. Handhabbarkeit, Planung und Zielorientiertheit runden sich auf der anderen Seite durch das Überraschende, das Uneinschätzbare, das Intuitiv-Erahnte, plötzlich Entstehende.

- Geheime Meisterschaft -

- Geheime Meister -

Daher:

Ein Ja zum Widersprüchlichen.

Ein Ja zum spannenden Paradoxon.

Ein Ja zum Bewußten- Unbewußten- Überbewußten.

Ein Ja zur ganzheitlichen Analyse, die etwas offenhält und dadurch den Schwung für neue Kräfte, für den Glauben, für erfrischende Entwicklungen in Gang hält.

Ein Ja zum Meditativen.

Ein Ja zum Unsagbar- Unaussprechlichen, das die Menschheit seit Jahrtausenden belebt, nährt, in Atem hält und fasziniert.

DER STELLENWERT DES MEDITATIVEN

Nach diesem kurzen und nicht auf Vollständigkeit verweisenden Abriß verschiedener Einflüsse und Schulen der Psychotherapie, wirft sich wieder die für den vorliegenden Text aktuelle Frage auf, wo sich das Meditative einordnen läßt. Meditative Erfahrungen entspringen meiner Anschauung nach nicht allein dem reichen Fundus des Unbewußten, sondern auch dem Überbewußten. Tiefe und Höhe verschlingen sich ineinander, so wie sich in der Psychologie Tiefenpsychologie und später Höhenpsychologie ineinander verweben und verschlingen, alles Menschliche in eine einzige Ganzheitspsychologie, in eine wunderbare Symphonie einbegreifend. Das ist der Rahmen, den ich meinerseits für die Bioenergetik abstecke, daß sie alle Kräfte des Lebens sinnvoll in sich einbeziehe; das ist der Rahmen, den uns auch Waldefried PECHTL vorlebt, eröffnet und aufzeigt, nämlich, daß Analyse nicht die Analyse von Seele oder Körper oder Geist bedeutet, sondern daß Analyse immer, Achtung und den Respekt vor dem Unbegreiflichen des Seins miteinbegreifend, »Analyse des ganzen Menschen« ist. Es ist nicht mehr als ein kleiner Satz, aber diesen einen Satz vorzuleben ist bedeutend.

Mir scheint es im Moment nicht günstig, diese alles Menschliche einbegreifende Ganzheitspsychologie als Trans-personale Psychologie zu bezeichnen, da man sonst in eine bestimmte Richtung, nämlich zu schnell in Richtung Transzendenz, drängend Vorschub leistet. So sehe ich mich selbst in erster Linie als Mensch, in zweiter Linie als Psychotherapeut und dann auch als Bioenergetiker. Dabei ist der inhaltliche Sinn und Wert der Transpersonalen Psychologie, die sich ja per definitionem vor allem mit transzendeten Inhalten befaßt, voll und ganz zu bejahen. Der Inhalt der Psychologie und Psychotherapie ist umfassend zu definieren, so daß der Einzelne aus sich selbst diejenigen Entwicklungsschritte setzt und tut, die für ihn stimmig und in der augenblicklichen Lebenssituation optimal sind.

Es ist sehr schwer abzustecken, was für wen, wann gut und hilfreich oder behindernd und hemmend ist. Eines jedoch läßt sich mit Sicherheit sagen, daß viele Menschen viel zu früh nach Richtungen greifen, die ins Transpersonale und Transzendentale gehen. Mein Standpunkt dazu ist, daß es zuerst eine überaus gute und ausreichend lange Phase der Ich-Entwicklung braucht. Hat jemand die Möglichkeit einer guten Standfestigkeit und leichten Bewältigung des Alltagslebens erreicht, ist es vielleicht an der Zeit spirituelle, kosmische, transzendente Bewußtseinsbereiche kräftig zu entwickeln. Der Zeitgeist jedoch wird uns Therapeuten wahrscheinlich den umgekehrten Weg vorschreiben. Vielleicht brauchen wir zuerst ein wenig Transzendenz, um dann in die Schönheit des Alltäglichen dankbar einzu-

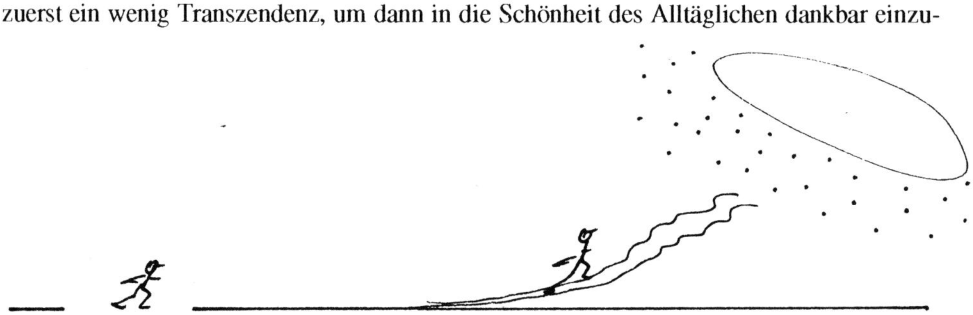

tauchen. Dazu eine Geschichte, die auf einfache Weise das Gesagte verdeutlicht:

»HAST DU JE GELIEBT?«

Jemand ging zu Jami, dem großen persischen Seher, und bat, ihn als Schüler auf dem geistigen Pfad anzunehmen.

Jami fragte ihn: »Hast Du je geliebt? Hast Du das Verhalten der Freundschaft gelernt?«

Er erwiderte: »Nein, noch nicht.«

Jami sagte: »Geh wieder in die Welt und lerne es.«

(KHAN Hazrat Inayat, S 69).

Um nochmals das Grundthema aufzugreifen: Das Meditative ist ein kraftvoller Mittler zwischen Bewußtem und Unbewußtem und zurück. Als solches führt es in die Innenstrukturen, in die Innenräume, in unvorstellbar innere, in kosmische, in transzendente »Be-Reiche« der Seele.

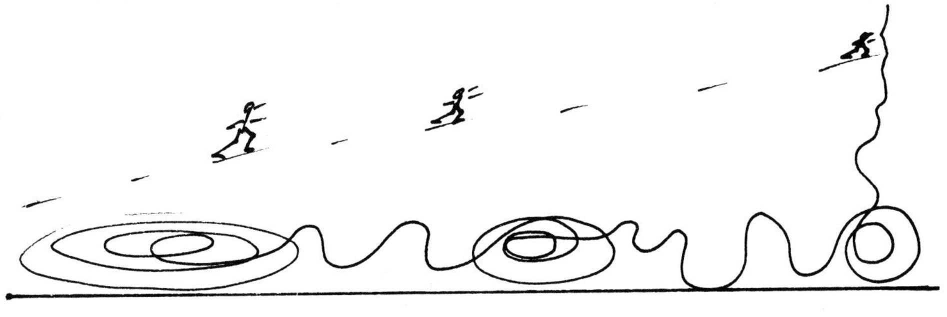

NOTIZEN EINES NACH-INNEN-LÄUFERS

- Heute bin ich mit M. abends auf den Berg gelaufen. Der Wald war dunkel, die kleinen Bäume schneebekappt. Der Himmel war ganz licht, silberblaßblau und strahlend hell trotz der Dunkelheit im Wald. Die Klarheit des Himmels über und um uns, das Ende des sternenübersäten Kosmos unausmeßbar. Der Mond war zunehmend wie ein Zitronenzuckerl und wir waren glücklich und außer uns wie Kinder auf Entdeckungsjagd. Dann liefen wir von der Straße ab, hinein in den verschneiten Wald. Dort, wo ein kleiner Weg sein sollte, war nur zwanzig bis dreißig Zentimeter Pulverschnee, hie und da von einem kleinen Bächlein durchkreuzt. Mein erster Gedanke war: Das geht nicht gut, ich werde mir nasse Füße holen und mich verkühlen. M. zeigte mir jedoch unbeirrbar die Schönheit dieser winterlichen Möglichkeit. So arbeiteten wir uns rhythmisch durch den wunderschön und still daliegenden Waldgrund. Näher kann man der Natur und der glänzenden Weiße nicht sein. Reinigung. Die Füße waren dann naß. Von Kälte oder Verkühlung jedoch keine Spur. Beim Abwärtslaufen rasten wir in direkter Fallinie herunter, fast bauchtief im Schnee, durch die tiefverschneiten Bergmaden. Wie zwei Perchten oder Bergteufel, die Beine seitlich hochschleudernd, stürzten wir den tiefen, leichten Pulverschnee durchpflügend juchzend und staunend zu Tal. Wir tun es wieder.

- Heute war ich beim Laufen müde und lange Zeit wenig motiviert. Dann plötzlich konzentrierte ich mich auf die Bäume und Äste mit der Frage »Wohin orientieren sie sich...?«, wie es in der Übung Nr. 26 vorne beschrieben ist. ...Da war es wieder! Da war wieder dieses einzigartige Gefühl, unbeschreiblich und tief. Flügel meiner Sehnsucht. Dankbarkeit strömte über bewegte Herzen. Das Schreiben über das meditative Laufen erlebe ich als Anregung und Segen. Das Leben ist ein »göttliches Spiel«. Die Dankbarkeit über das Schreiben begründet sich im Zuwachs an Kraft und Konzentration, im Hinbewegen auf dieses inhaltliche Ziel, etwas vom Schönen weiterzugeben. Einfälle, Eingebungen, Bilder, Ideen, Lichtblicke, Zusammenhänge überkommen einen, bis sich aus ihren Fäden das Gewebe dieses Sprach-, Gefühls- und Erfahrungsteppichs fast wie von selbst ergibt.

- Heute war ich müde beim Laufen und traute mir nur einen lockeren Erholungslauf zu. Von meiner Lieblingslaufstrecke abweichend, lief ich kreuz und quer durch welliges Gelände auf und ab. Und siehe da, die Abwechslung brachte Frische. Auf
- einmal war Spritzigkeit, Lust, Freude und Kraft im Körper. Woher immer auch, der Wechsel trug wesentlich dazu bei.

- Heute wurde mir wieder bewußt, daß es mit das Schwierigste ist, das rechte Tempo zu finden und zu halten. Einmal mehr war mir klar: Wenn ich auf das rechte Tempo achte, werde ich mich wohlfühlen. Tief atmend ließ ich die Natur, die Sträucher, Blätter, ihre Farben, die Blüten und Stengel, ihren Geruch tief in mich hinein, mit der Gewißheit, so würde ich dann zu Hause selig sein.

> Kommentar: Die Konzentration auf das rechte Tempo und auf das optimale Strömen des Atems harmonisiert die körperlichen, seelischen und geistigen Prozesse und das Ergebnis ist: selige Ruhe und Ausgeglichenheit. Shunryu SUZUKI hätte dazu vielleicht gesagt

»In Ruhe sollte Aktivität sein,
in Aktivität sollte Ruhe sein.«

Selbstgespräch: Atme so, daß Du gelaufen wirst und daß Du das Gefühl hast, als würdest Du nicht laufen, sondern auf der Stelle ruhig traben. Erinnere Dich, es geht gar nicht um die Fiktion eines Vorwärtskommens. Wohin auch? Vorne gibt es nicht, so wie es oben und unten nicht gibt. Oben und unten ist Himmel.

- Heute lief ich durch den frisch verschneiten Wald. Mich auf die Umgebung und auf die Atmung konzentrierend, stieg in mir ein liebevolles Gefühl und mit ihm eine Gewißheit auf: ich sah sie an, die stillen und stummen Zeugen, diese Bäume, die mich immerzu begrüßten; im Moment wußte ich, diese Bäume waren meine Freunde und es schien mir, als ob sie zu mir sprachen, daß sie mich verstanden.

- Frühjahr/Märzensonne: Jetzt, wo die Wiesen noch ohne Grasbewuchs sind, laden sie ein zu Ausflügen hügelauf, hügelab, durch das noch schüttere Buschwerk. Welch ein Genuß! Deutlich spürbar ist der Unterschied über unverpflasterten und nicht asphaltierten Boden zu laufen. Und unter dem achtzig Meter hohen Buchenwald herrscht eine Stille, die mich packt, auf die ich sofort meine Atmung richte, die mir die Haare am Rücken aufstellt.
- Geländeläufe sind mit die besten Möglichkeiten, hohe Anpassungsübungen nebenbei abzuspulen: Tempo, Geschwindigkeit, Rhythmus, drei zentrale Bereiche im Leben. Harmonie, Genuß, Freude sind Frage einer optimalen Abstimmung dieser drei. Und wo lernt man diese harmonisierende Abstimmung am leichtesten?...Am stärksten bei

Geländeläufen, da sich die Faktoren beim Auf und Ab ständig ändern.

- Nachdem ich nach einer Auslandsreise im letzten Jahr große Schwierigkeiten mit der Lunge gehabt habe, erlebe ich nun die freie tiefe Atmung mit einer Frische und Freude und einem Bewußtseinsgrad, der mich hinreißt auszurufen:

Ich bin dankbar
für jeden tiefen Atemzug,
den ich machen darf.

Und der Inhalt dieses Satzes trägt mich über die Erleichterung hinaus ins Freie, in den leeren Raum, ins Licht, in die Schönheit Seiner Allgegenwart. Tiefe Sehnsucht perlt hoch, klopft an und sagt mir, daß der Mensch auch diese Sehnsucht nach dem Göttlichen tief in sich trägt, daß diese Richtung ebenso wichtig ist wie alle anderen im Leben. Dies empfindend, überflutet Dankbarkeit mein Herz und feine, bewegende Freude, die sosehr rührt und regt.

- Nach der langen Winterzeit konnte ich heute wieder einmal auf einen Berg laufen. Und wieder zeigt sich, was ich schon im »Nach-innen-Laufen« (DIETRICH Reinhold) beschrieben habe; daß es für mich wenig Intensiveres gibt, als dieses andauernde, rhythmische und tiefe Atmen auf einer sich lang dahinziehenden Steigung in der Natur.

Über den Autor

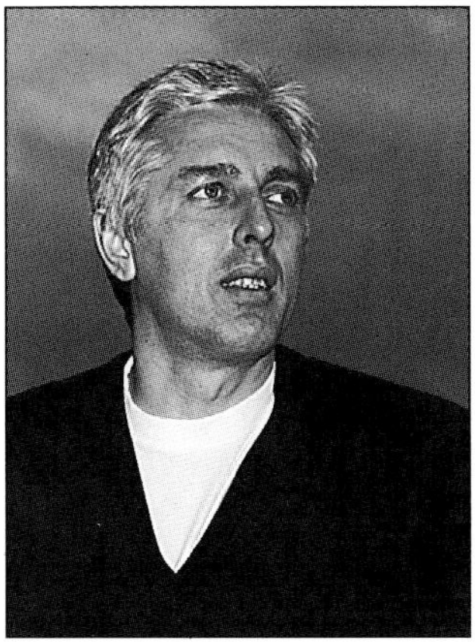

Dr. Reinhold Dietrich, Jahrgang 1949, ist von Beruf klinischer Psychologe, Gruppenpsychotherapeut und Lehranalytiker für Bioenergetische Analyse. Er absolvierte sein Studium in der Ära von Igor A. CARUSO, der die Salzburger Universität nachhaltig geprägt hat.

Der Autor ist in seiner Wahlheimat Salzburg als freischaffender Psychotherapeut und Schriftsteller seit vielen Jahren tätig. Er hält atmungsintensive Ausdauerbewegung in jeder Form und jenseits von Leistungsbestrebungen für eine wesentliche Lebenshilfe. Selbst seit Jahren mit Freunden und allein laufend-trabend unterwegs, schöpft er neue Kräfte und Energien aus den hügeligen und bergigen Gegenden vor allem um Salzburg und um das Königsseegebiet. Sein erstes Buch »Nach-innen-Laufen« (1986) entstand vor allem als Folge von unzähligen, ihn faszinierenden Bergläufen im Königseegebiet. Dort deutete sich an, was im vorliegenden Buch ausgereift, konsequent weitergeführt und strukturiert zutage tritt.

Fachlich bekennt sich der Autor einerseits zur Linie Sigmund FREUD - Wilhelm REICH - Alexander LOWEN - Waldefried PECHTL, wie oben gesagt zur Bioenergetischen Analyse.

Zugleich bekennt er sich andererseits zu einer Einstellung, die die Psychotherapie als Kunstrichtung ansieht. Sein Zugang zur Natur des Gleichgewichts und zum Wesen des ganzheitlichen Verstehens liegt im dauernden Bestreben jeden Menschen als Kunstwerk zu betrachten.

LITERATURVERZEICHNIS

ANDERSEN Hans C. »Gesammelte Märchen«, Goldmann TB

BERENDT Ernst-Joachim »Nada Brahma« Teil II, Kasette 2.

BRÜDER GRIMM »Kinder- und Hausmärchen«, Winkler Verlag, München, 1989.

GRIMM BRÜDER »Die wahren Märchen der Brüder Grimm«, Winkler Verlag, München, 1984.

CAMPBELL David »Mythologie der Urvölker«, Sphinx Verlag, Basel, 1991.

DESHIMARU-ROSHI Taisen »Zen in den Kampfkünsten Japans«, Kristkeitz Verlag, Berlin, 1978.

DIETRICH Reinhold »Nach-innen-laufen« Eigenverlag, Salzburg, 1986.

DIETRICH Reinhold und PECHTL Waldefried »Energie durch Übungen«, Eigenverlag, Salzburg, 1991.

DREWERMANN Eugen »Die Kristallkugel«, Walter Verlag, Olten, 1989.

GESTA ROMANORUM, Hsg. von Gräße Theodor. Unveränderter Neudruck der Originalausgabe von 1842, Verlag Richard Löffler, Leipzig, 1905, UB-Salzburg.

GIBRAN Khalil »Der Wanderer«, Goldmann Verlag, München, 1987.

HALBFAS Hubert »Menschenwelt«, Patmos Verlag.

HANH Thich Nhat »Das Sutra des bewußten Atmens«, Theseus Verlag, Zürich, 1988.

KHAN Hazrat Inayat »Irdisches Glück und Himmlische Glückseligkeit«, Verlag Heilbronn, Heilbronn, 1986.

MOKERJEE Ajit »Kundalini: Die Erweckung der inneren Energie«, Origo Verlag, 1984.

NAIMY Mickhail »Das Buch Mirdad«, ISBN 9070053918, 1986.

REPS Paul »Ohne Worte - ohne Schweigen«, O.W. Barth Verlag, 1977.

PANDIT M.P. »Kundalini-Yoga«, Drei-Eichen-Verlag, 1985(3), München.

PECHTL Waldefried

a - »Zwischen Organismus und Organisation«, Veritas-Verlag, Linz, 1989

b - »Die Therapeutische Beziehung und die Funktion des Therapeuten in der Bioenergetischen Analyse«, in: Hsg. Petzold, Hilarion »Die Rolle des Therapeuten und die therapeutische Beziehung«, Junfermann Verlag, Paderborn, 1980

PIERRAKOS John »Core Energetik«, Synthesis Verlag, Essen. 1987.

PSYCHOLOGIE IN DER WENDE: Hsg. Walsh Roger und Vaughan Frances, Verlag Rowohlt, TB, Reinbeck bei Hamburg, 1987.

RINGEL Erwin »Die Österreichische Seele«, Europaverlag, Wien-Zürich, 1991(9).
SHAH Idries
a - »Der glücklichste Mensch«, Herder, 1986.
b - »Die Weisheit der Narren«, Herder, 1983.
c - »Das Geheimnis der Derwische, Herder, 1984.
d - »Die fabelhaften Heldentaten des vollendeten Narren und Meisters Mulla Nasrudin« Herder, 1984.
SHARAMON Shalila und BAGINSKI Bodo J. »Das Chakra-Handbuch«, Verlag Windpferd, 1990(7).
SUZUKI Shunryu «Zen-Geist. Anfänger-Geist«, Theseus Verlag, Zürich, 1982.
TANTRA: Katalog der Tantra-Ausstellung »Tantra-Art«, organisiert vom Institut für Auslandsbeziehungen, Stuttgart, 1971.
TSCHUANG-TSE »Reden und Gleichnisse des Tschuang-Tse«, Insel TB 205, Leipzig, 1976.
ZIMMER Heinrich »Indische Mythen und Symbole«, Diederichs, Köln, 1981.

ÜBERSICHT ÜBER DIE GESCHICHTEN

Buchtitel im Verlag Dietrich

0043-662-481 333, verlag.dietrich@aon.at

Bücher mit Meistergeschichten

PECHTL WALDEFRIED
.......»GESCHICHTEN DES LÄCHELNS«
Euro 20,40.-, 35.- sfr
DIETRICH REINHOLD
.......»49 MEISTERGESCHICHTEN«
Euro 20,40.-, 35.- sfr
.......»DIE BALANCE-DES-GEBENS
Euro 20,40.- 28, 35.- sfr
.......»IM GARTEN DER LIEBE«
Euro 24,70.-, 43.- sfr

Bücher zum Thema Bewegung, Laufen, Übung

DIETRICH REINHOLD und WALDEFRIED
.......»ENERGIE DURCH ÜBUNGEN«
Euro 24,70.-, 43.- sfr
DIETRICH REINHOLD
.......»NACH-INNEN-LAUFEN«
Euro 20,40.-, 35.- sfr
.......»ENTSPANNUNG DURCH MEDITATIVES LAUFEN«
Euro 24,70.-, 43.- sfr
.......»DIE FREIHEIT DES LAUFENS«
Euro 20,40.-, 35.- sfr **(korrigierter Preis!)**
.......»GEHEN«
Euro 18,20.-, 31,- sfr
.......»ÜBUNG ALS WEG - bewußte Lebensgestaltung«
Euro 20,40.-, 35.- sfr **(korrigierter Preis!)**
.......»DER WEG DES GROSSEN« - Hommage für W. Pechtl
Euro 18,20.-, 31,- sfr

Bücher zum Thema Bioenergetik und Lebenshilfe

.......»HILFEN für Beziehung, Beruf und Alltag«
Euro 24,70.-, 43.- sfr
.......»DAS LABYRINTH DER FÜNF CHARAKTERSTRUKTUREN«
Euro 24,70.-, 43.- sfr
.......»ANALYTISCHE BIOENERGETIK«
Euro 45.-, 77,50.- sfr